横浜市立大学新叢書 12

Y専の歴史

横浜市立大学の源流

齊藤毅憲

春風社

Y専の歴史——横浜市立大学の源流——

目次

はしがき

横浜市立大学は第二次世界大戦後の新制大学として一九四九（昭和二十四）年に設立され、すでに七十年の歴史をもつことになる。しかし、その源流は一九二八（昭和三）年に創立された横浜市立横浜商業専門学校（通称〝Y専〟）であり、さらに、Y専は一八八二（明治十五）年設立の横浜商法学校をルーツとしている。横浜商法学校はのちに横浜市立横浜商業学校（通称〝Y校〟）となり、ハイレベルな学校として有為の人材を世に送るとともに、Y専の設立を実現して、両校はあわせて〝オールY校〟ともいわれた。

設置者はともに横浜市であるが、横浜市立大学が設立されると、Y校は横浜市立横浜商業高等学校となり、両校の関係は次第に希薄・疎遠になってしまった。これはいたしかたなかったとはいえ、きわめて残念なことである。読者には、本書を通じてY専とY校が一体化していた〝オールY校〟の時代があったことを是非とも知っていただきたい。

横浜市立大学の源流であるY専は一九五一（昭和二十六）年に二十三年という短い歴史を終えているが、とりわけ横浜市立大学の商学部、現在の国際商学部に継承されたことは確かである。本書はこのY専がどのような学校であったかを明らかにすることを目的としている。

短い歴史を閉じたのち七十年の時間がたち、Y専は「回想」から徐々に「忘却」の世界に移っており、忘れ去られていくことへの危惧を私は感じている。また、Y校史の成果物がきわめて多くあるのに対して、Y専史の資料や成果物があまりにも少ないことを感じており、なんとかしてY専の歴史を書かなければならないと思うようになった。これが、本書を執筆することになった直接的な動機である。

しかし、現在のところ、Y専の教務上の資料や学生の実態に関するデータを十分に見つけることができず、残念なことであるが、本書は大部のものにはならなかった。Y専がどのような経緯で誕生し、どのような教師と学生がこの学校をつくっていたのかを、少ない資料で明らかにしようとしたのが、本書である。

短かかったとはいえY専は確実に存在し、そのうえ戦時（一九四一（昭和十六）年から一九四五（昭和二十）年）をはさんだ、あまりにもきびしい時代を生きている。このような状況のなかで教師と学生がどのように研究・学習し、そして生きていたのかを解明することに重点をおいて記述している。そして、いうまでもないが、高等教育をになう学校史の中心はここにあるとも思っている。

本書が横浜の多くの一般市民の目にふれて広く役立つことを願っている。また、Y専（Y校を含む）という個別の学校の歴史であるので、横浜市立大学の現役学生や卒業生、Y校関係者などには是非とも読んでもらいたいが、さらには、明治維新後の横浜の地域史や横浜の高等教育史にも若干言及しており、横浜を理解するうえでも有用であろう。

本書の原型となったのは横浜市立大学学術研究会編『横浜市立大学論叢』（社会科学系、第七十巻第二号、第三号、二〇一九年）に収録された二編の「歴史回顧」であり、これに修正と追加を行っている。なお、出典の表示については本文注のかたちをとっており、また、本文に登場する人物については敬称をつけていない。さらに、本文中の引用文のなかに括弧をつけているところがあるが、それは内容の補足や西暦表示のために筆者が追加したものである。
本書を出版するにあたっては、横浜市立大学学術研究会の助力が大きい。とくに編集委員長の中谷崇教授と事務局の松井真喜子さんにご援助をいただいた。本書を「横浜市立大学新叢書」の一冊に加えていただき、重ねて感謝している。さらに、具体的な出版作業にあたっては春風社編集部の横山奈央さんにお世話になった。心からお礼を申しあげたい。

二〇二〇年（令和二）年十一月

齊藤毅憲

1．少ないＹ専史研究

『横浜市立大学六十年史』（以下、『六十年史』とする）が完成したのは一九九一（平成三）年のことである。本来ならその三年前の一九八八（昭和六十三）年に完成すべきであったが、諸般の事情があって遅延した。編集委員長は経済研究所所長の長田五郎であり、各学部から編集委員をだして作業を行ったことを記憶している。当時の商学部からの編集委員は松井道昭（西洋経済史）、平智之（経営史）と筆者（経営学）の三名であった。横浜市立大学の前史として、「Ⅰ．前史――Ｙ専時代」と「Ⅱ．前史――医学専門学校・医科大学」の二つのパートがあった。Ⅰ部のＹ専は商学部のルーツであり、Ⅱ部は、いうまでもなく、医学部の前史である。したがって、われわれ商学部の三名が担当したのはⅠのパートであった。

Ｙ専は一九二八（昭和三）年、横浜市立横浜商業学校（いわゆる〝Ｙ校〟）の昇格によって実現しており、Ｙ校を母体にしている。Ｙ校は一八八二（明治十五）年の「横浜商法学校」を起源としており、二〇二〇年現在百三十六年の歴史をもつ伝統校であり、横浜・神奈川の中等教育機関としては最古のものである。

Ｙ校は福沢諭吉の門下生である美澤進を校長にして独自の歩みを進め、旧制の専門学校（高等教育機関）に近い教育を実践しており、それがＹ専への昇格を可能にする。そして、Ｙ専の設立によって、Ｙ校とＹ専はあわせて〝オールＹ校〟といわれる。しかし、Ｙ専は新制大学の発足（一九四九（昭和二十四）年）にともなって横浜市立大学商学部となり、一九五一（昭和二十六）年に二十三年の歴史を閉じることになる。

さて、「I．前史――Y専時代」は以下の構成になっている。

（1）Y校概史
（2）Y専の創立
（3）発展期のY専
（4）Y専における学生生活
（5）日中戦争・太平洋戦争下のY専
（6）戦後のY専の復興
（7）Y専卒業生の回顧

この構成のなかで、（7）は八名の卒業生、のちに本書で登場する高橋恭や山田虎雄などの回想であり、（1）から（6）は編集委員三名が分担した。具体的には、（1）と（2）は松井、（3）と（4）は筆者、（5）と（6）は平が執筆した。横浜市立大学の図書館（学術情報センター）には、Y専に関する資料が期待していたほど多くなく、執筆に苦労した記憶が残っている。

その後、筆者はY専史にかかわることはなかった。一九九三（平成五）年に出版された『日本の創造力』（第四巻、日本放送出版協会）に「横浜商法学校の創立者・小野光景」を書いたが、それは、Y専を生み出したY校（横浜市立横浜商業学校、現在の横浜商業高等学校）のルーツとなる学校創立のリーダーをとり扱っている。

そして、Y専の教員であり、のちに現在の一橋大学の教授として活躍し、古川栄一や藻利重隆とともに第二次世界大戦後の日本の経営学界をリードした山城章が創設した日本経営教育学会（現在の日本マネジメント学会）の創立二十周年記念（一九九九（平成十一）年）で、「山城章先生と日本経営教育学会」というＣＤ－ＲＯＭを作成したが、その際にＹ専時代の山城の研究成果の収集を行い、資料として提供した。しかし、そのいずれもＹ専史に直接かかわるものではなかった。

Ｙ専について筆者が久しぶりに書いたのが、「「Ｙ専」生成期における校名改称問題――横浜市立大学八十年のひとこま――」（松井道昭教授退職記念号の『横浜市立大学論叢』、第六十巻第三号、人文科学系列、二〇〇九年、三一－四六頁に収録）である。横浜商業専門学校とその略称が横浜市内の類似名称の学校と混同されていることが、この問題の発端であったが、それを扱っている。

Ｙ専の歴史については、すでに述べた『六十年史』のほかに、『横浜市立大学商学部創基百年史』（財界評論新社、一九八二（昭和五十七）年）や、七名のＹ専教師による『Ｙ専の沿革と回顧』（一九五一（昭和二十六）年）などがある。しかし、本書でこれらとは少しちがったものを明らかにできればと思っている。

もっとも、Ｙ校史の成果がきわめて多いのに対してＹ専史は少なく、横浜市立大学図書館に収蔵されている資料もごくわずかである。したがって、資料の発掘と収集は継続していかなければならないが、本書はこのごくわずかなものを手がかりに出発せざるをえないと考えている。

ちなみに、Ｙ校史については、超大作『Ｙ校百年史』（全千二百四十八頁、一九八二（昭和五十七）年）、『Ｙ校百年史そのⅡ』（全三百五十二頁、一九八三（昭和五十八）年）、『続Ｙ校百年史』（全百三十二頁、一九九〇（平成二）年）のほかに、七十年史、八十年史、九十年史、百十年史などの周年誌があり、それらを参照されたい。

2. Y専創立までの主な経過

Y専創立時の『横浜市立横浜商業学校　横浜市立横浜商業専門学校　一覧』（以下、『一覧』とする）の表紙が〈資料1〉であり、横浜市立横浜商業学校編になっている。これはY校とY専両校共用のものであり、前半の約三分の二がY校生の、あとの部分が新設Y専の学生むけの情報になっている。

その冒頭には、Y校の校祖・美澤が重視した〝誠〟の教育理念を具体化する校訓十カ条〈資料2〉と、「誠を守る商人《あきびと》我等」の歌詞で有名な、森林太郎（鷗外）作詞・小松耕輔作曲の校歌を載せている。これに関連して、〈資料3〉はY校が創立六十年（一九四二（昭和十七年））を記念して作成した絵はがきであり、美澤進の像と校訓十カ条が載っている。

〈資料4〉は、Y専部分の冒頭でY専の創立に関する経過を述べたものである。それによると、のちに述べる本町外十三ヶ町区会が運営していた「横浜商業学校」を横浜市へ移管することからはじめている。

横浜商業学校は、横浜貿易商組合のリーダーであった小野光景らによって設立された横浜商法学校が、一八八八（明治二十一）年の商法の制定にともなって、商法の意味（商業のやり方と法制度としての商法）の混同をさけるために、この名称に変更されたものである。そして、それは一八九二（明治二十五）年には横浜市本町外十三ヶ町区会立となり、さらに、一九一六（大正五）年に横浜市に移管されている。この年には前述の校歌が制定され、翌年から校名は「横浜市立横浜商業学校」に変更されている。

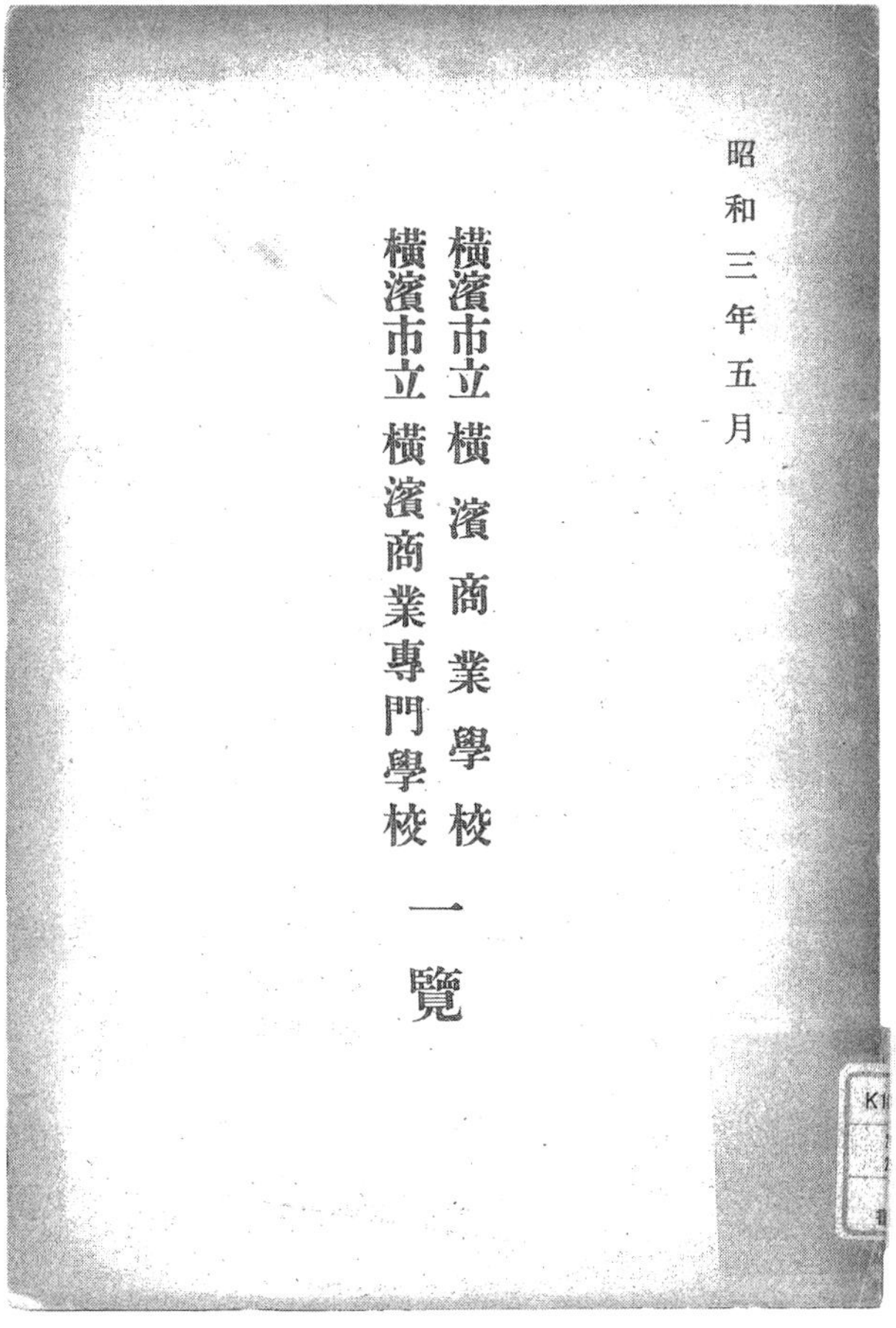

資料1　横浜市立横浜商業学校編『横浜市立横浜商業学校　横浜市立横浜商業専門学校　一覧』1928年

校訓

敎育勅語ノ聖旨ヲ遵奉シ大日本國民タル光榮ヲ保チ平素ノ言行擧動ニ於テ左ノ商業道德ヲ實踐スヘシ

一正直　專ラ正直ヲ確守シ決シテ人ヲ欺クヘカラサルコト

一勉勵　專ラ業務ニ勉勵シ決シテ怠ルヘカラサルコト

一正確　指定ノ時ニ於テ指定ノ事ヲ嚴行シ決シテ時期ヲ誤リ若クハ執務ニ於テ杜漏ノ所爲アルヘカラサルコト

一綴密　業務ヲ處スルニ綴密ナル思想ト行爲ヲ以テシ決シテ粗略誤謬アルヘカラサルコト

一整頓　業務ヲ處スルニ順序方法ヲ確定シ其確定ヲ固守シ決シテ忽ニスヘカラサルコト

一精察　業務ヲ企圖スルニ深ク既往現在ノ事情ヲ探究シ靜ニ將來ノ結果ヲ精察シ決シテ遺算アルヘカラサルコト

一機敏　業務ヲ處スルニ敏活ニシテ機ヲ視テ勇進シ理ヲ視テ斷行シ決シテ遲疑スヘカラサルコト

一謹愼　一言一行ノ微ト雖謹嚴愼重ヲ守リ決シテ粗忽ノ事アルヘカラサルコト

一耐忍　耐忍不屈ノ精神ヲ涵養シ如何ナル困難ニ遭遇スルモ決シテ初志ヲ變スヘカラサルコト

一注意　一小細事ト雖必ス留意注目シ決シテ等閑ニ附スヘカラサルコト

明治三十年十二月

横濱市立　横濱商業學校

資料2　横浜市立横浜商業学校編『横浜市立横浜商業学校　横浜市立横浜商業専門学校　一覧』1928年

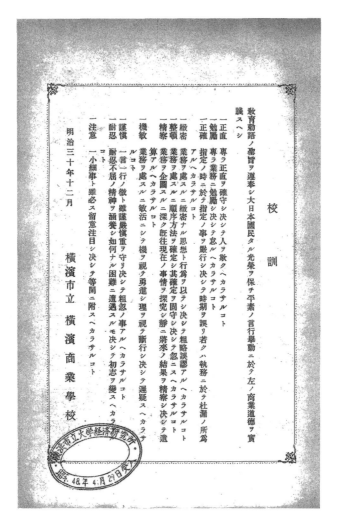

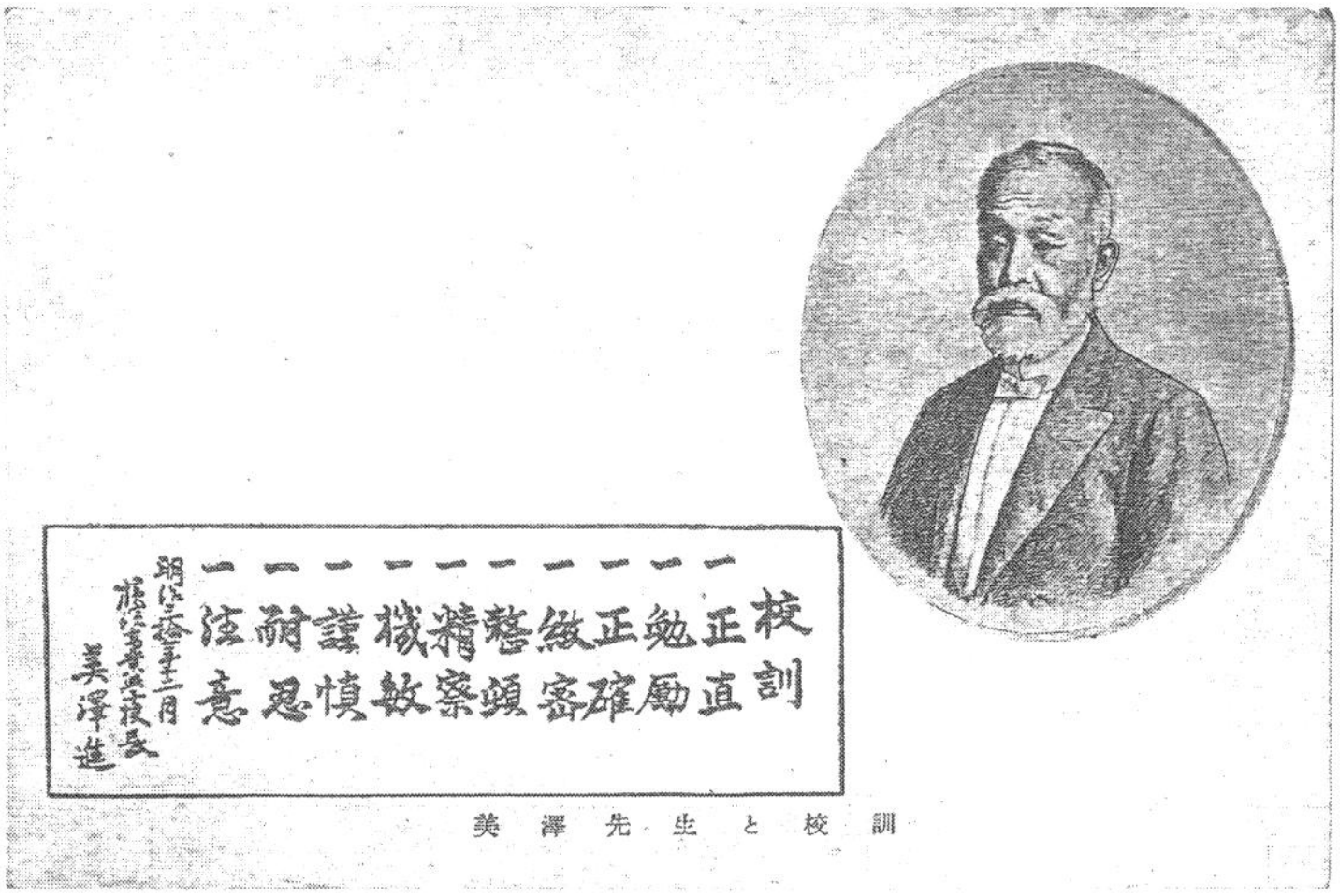

美澤先生と校訓

資料 3　横浜市立横浜商業学校校友会学芸部『昭和十七年報清水丘』（Y 校六十周年記念誌）1942 年

移管の目的は「時勢ノ進運ニ伴ヒ必要ニ応ジ擴張整備ヲ期スル」とし、拡張整備とはY校の組織を改めて高等商業学校（以下、「高商」と略す）に昇格することであり、この構想こそがY専設立のスタートになる。

そののち、「時運ノ進展ハ同校ノ昇格ヲ必要トスルニ至リ、偶々大正十一（一九二二）年十一月十八日同校創立満四十年祝賀會ノ開催ヲ機トシテ茲ニ愈々昇格ノ気運ヲ醸成シ、越ヘテ十二（一九二三）年四月ヨリ之ガ具体的計画ヲナシ同年九月二十四日ノ市會ニ於テ之ヲ可決セントスルニ先ダチ曠古ノ大震火災ニ遭ヒ昇格案ハ一時停頓ノ餘儀ナキニ至レリ」とある。

Y校創四十周年を機にY校の高商への昇格の議案が横浜市会に提案され、議決されようとしていた。しかし、これまでになかったような甚大な被害をもたらした関東大震災（一九二三（大正十二）年九月一日）の発生によって、この計画は

横濱市立横濱商業專門學校一覽

横濱商業專門學校創立ニ關スル經過

本校創設ノ議ハ今ヲ去ルコト十二年前大正五年ニ其端ヲ發セリ、即同年九月二十九日舊本町外十三ケ町區會ハ其經營ニ係ル本町外十三ケ町立横濱商業學校ヲ時勢ノ進運ニ伴ヒ必要ニ應ジ擴張整備ヲ期スルタメ其經營ヲ横濱市ニ移管スルコトヲ議決シ、且ツ同校所有ノ財產ハ將來同校ノ組織ヲ改メ高等商業學校トナシ又ハ新タニ高等商業學校ヲ設クル場合ニ之ヲ充當スルノ外之ヲ處分シ又ハ校費以外ニ使用セザル條件ヲ附シ横濱市ニ寄附シ越ヘテ同六年四月一日ヨリ同校ハ横濱市立横濱商業學校ト改稱シテ横濱市ノ經營ニ移レリ其後時運ノ進展ハ同校ノ昇格ヲ必要トスルニ至リ、偶々大正十一年十一月十八日同校創立滿四十年祝賀會ノ開催ヲ機トシテ茲ニ愈々昇格ノ氣運ヲ釀成シ、越ヘテ十二年四月ヨリ之ガ具体的計畫ヲナシ同年九月二十四日ノ市會ニ於テ之ヲ可決セントスルニ先ダチ曠古ノ大震火災ニ遭ヒ昇格案ハ一時停頓ノ餘儀ナキニ至レリ

従來同校ハ豫科二ケ年、本科五ケ年ノ通計七年制度ナリシヲ文部省ノ劃一方針ノ下ニ遂ニ大正十四年四月ヨリ學則改正ノ必要ヲ生ジ、豫科、本科ノ區別ヲ廢シ、尋常小學校卒業者ヲ入學資格トスル本科五ケ年及專修科(高等部)二ケ年ニ分チ、專修科ニ於テハ專門學校ニ準ジ主トシテ貿易實務及語學ヲ敎授スルコトニ改正ス

然ルニ本邦唯一ノ七年制商業學校殊ニ明治三十二年八月文部省ヨリ同校ハ高等ナル商業學校ト認定セラレタル等ノ事由ニ依リ其卒業生ハ相當ニ實力ヲ有シ、且ツ實業界ニ於テモ多年之ヲ認メ日本銀行、横濱正金銀行等ニ於テモ署ボ專門學校卒業生同樣ノ待遇ヲナシ、私立大學專門部卒業生ヨリモ遙カニ上位ノ待遇ニアリシガ右改正ノ結果本科程度ノ低下ニヨリ其待遇ハ他ノ普通商業學校卒業生ヨリ稍々上位ニアルノミトナリ、Y校卒業生トシテ昔日ノ俤ヲ失フニ至レリ、更ラニ專修科卒業生ハ實力相當ナルニモ拘ラズ、其待遇却テ七年制時代ノ卒業生ニ及ハズ加之在學生ハ徵兵令及其他何等ノ特典ヲ附與セラレズタメニ專修科ノ發展ヲ阻止シタリ

本市ニハ官立高等商業學校アルモ入學志願者ハ全國的ニ殺到シ、本市子弟ノ入學スルモノ極メテ寥々タリ從ツテ其卒業生ハ多ク他ノ都市ニ走リ本市ニ立脚シテ活動スルモノ比較的少ナシ、思フニ本市ガ將來本邦ニ於ケル最モ重要ナル貿易港トシテノ使命ヲ完フシ、且ツ其發展ヲ企圖セントスレバ先ツ主トシテ本市出身ノ子弟ニ本市ニ即シタル高等專門敎育ヲ施シ以テ本市ニ立脚シテ活動スルノ人材ヲ養成スル敎育機關ノ創設ヲ急務ト認メザルベカラズ、明敏ナル有吉横濱市長ハ前掲横濱商業學校ノ歷史及ビ時勢ノ要求ヲ洞察シ茲ニ意ヲ決シテ昭和三年三月二十三日ノ本市々會ニ本校創設ノ豫算案ヲ提出シタルニ市會モ亦之ニ共鳴シ三月二十三日遂ニ之ヲ可決シ、三月三十日文部省ハ正式ニ其設立ヲ認可シ、横濱商業學校長事務取扱矢田長之助ヲ以テ本校々長事務取扱ニ任命シタルニヨリ急速ニ其開校準備ヲナスコト、ナレリ斯クシテ校長事務取扱ハ一方ニ於テ專門學校ノ敎授タルベキ適當ノ人物ヲ物色任命ノ手續ヲ急グト同時ニ生徒募集ヲナセリ、時恰カモ學校入學季節ニ遲レタルニモ拘ラズ入學志願者二百三十七名ニ達シ、四月二十四五兩日入學試驗ヲ施行シ、同二十八日百名ニ入學ヲ許可セリ、之レヨリ先本校ノ創設ト同時ニ廢止セラレタル横濱商業學校專修科ノ第一學年修了者ヲ試驗ノ上本校第二學年ニ編入學ヲ許可シタルニヨリ合計百二十八名ノ在籍生徒總員ニ對シ五月五日入學式ヲ擧行シ同七日ヨリ正規ノ授業ヲ開始セリ

資料4　横浜市立横浜商業学校編『横浜市立横浜商業学校　横浜市立横浜商業専門学校一覧』1928年

頓挫し、延期せざるをえなくなる。

なお、〈資料4〉には書かれていないが、大震災からいくばくもない九月十六日に、創立以来Y校の精神的主柱であった校長美澤進が死去している。昇格に熱意を見せていた美澤の死もY校にとっては大きなショックになっている。

また、ここでは、そののちY校の主に修業年限の規則改正によって、同校の評価が急速に低下したことを明らかにしている。昇格が頓挫した翌年一九二四（大正十三）年四月に、Y校は

修業年限を変更している。当時の文部省は画一的な方針による教育制度の整備を全国的に進めており、独自の歩みを行ってきたY校は、それまで予科二年・本科五年のあわせて七年の修業年限であったが、これを廃止し、尋常小学校卒業を入学資格とする五年の本科と、旧制中学校卒業程度を入学資格とする二年の専修科の二本立てに変更せざるを得なくなる。

創立当時Y校は、尋常小学校の上に位置する高等小学校卒業が入学資格で、修業年限は予科二年、本科三年の計五年であり、教育内容のレベルは中等教育よりも高いという社会的な評価を得ていた。一八九九（明治三十二）年の実学学校令の改正時に、Y校は文部省の告示によって「高等ナル商業学校ト認定ス」とされ、しかし同時に「但シ高等商業学校ニアラス」ともされている。つまり、高商ではないが「別格高商」といわれ、高商とほぼ同格のレベルに近いものに位置づけられている。そして、Y校に対する企業側の評価が高かったことも明らかにされている。

一九〇四（明治三十七）年に、入学資格はこれまでどおりであるが、予科二年・本科三年の二科制を廃止し、本科五年のみの一科制に切り替えている。さらに、一九二一（大正十）年には本科五年の下に新たに尋常小学校卒業を入学資格とする二年の予科を設置しており、これによってY校は修業年限七年の中等商業学校となる。これは全国的にみて唯一の事例となっている。このように、Y校は独自の歩みを展開してきたのである。

そして、そのなかで美澤らY校関係者は、二科制七年の採用をテコにして高商昇格をねらっている。しかし、文部省はY校のこのような七年制の商業学校を認めず、全国画一の方針に従うことを求めてきたので、すでに述べたように昇格頓挫の翌一九二四（大正十三）年には予科二年・本科五年の二科制を廃止し、尋常小学校卒業を入学資格とする本科五年と旧制中学校卒業程度の専修科二年に変えている。

しかし、この改正は明らかに本科のレベル低下をもたらし、専修科卒業生の評価も下げている。それ以前の高等小学校卒業者向けの予科二年・本科五年に対して、尋常小学校卒業の本科五年のみでは差がでてくることは当然であり、この改正はY校にとって少なからずダメージとなった。

加えて、一九二三（大正十二）年に横浜に官立の高等商業学校（現在の横浜国立大学経済学部・経営学部の前身）が開設された。ただし、横浜に開設されたものの、入学志願者が全国各地から殺到し、その結果市内出身者は入学しづらくなっている。この開設は、官立の高等商業学校が全国的に設立されるなかで必ずしも早いほうではなかったが、市内出身者の入学がむずかしく、「本市出身ノ子弟ニ本市ニ即シタル高等専門教育ヲ施シ以テ本市ニ立脚シテ活動スル人材ヲ養成スル教育機関ノ創設ヲ急務ト」すべきとしている。

かくして、官立の横浜商業高等学校とは別に、市としても専門教育のできる学校を設立する必要があるということになった。〈資料4〉によると、当時の横浜市長であった有吉忠一はY校の歴史と上述したような事情を勘案して、Y専設立に動いている。一九二八（昭和三）年二月に設立の予算案を横浜市会に提案し、それを三月に可決して、ただちに設立を文部省に申請して正式の認可をうけている。

四十二年間の長きにわたってY校の校長を務めた美澤のあとは、短期間に唯野真琴、星野太郎、森本泉が校長事務取扱の任にあたっており、一九二六（大正十五、昭和元）年からは矢田長之助がその職にあった。矢田はY専校長事務取扱をも拝命し、開設の準備を急いでいる。

矢田は教授の選考を行うとともに、定員百名の募集活動と入学試験を実施している。入試の時期はすでにすぎていたが、四月下旬の二十四日・二十五日の両日に行い、これには二百三十七名という多くが応募し、百名の合格者をだしている。これをうけて五月五日に入学式が挙行され、七日から授業をスタートさせている。

なお、Y専の設立認可とともに廃止されることになったY校の専修科に在籍していた一年次修了者に対しても試験を実施し、二年生への編入措置（二十八名）をとっている。その結果、あわせて百二十八名が入学している。

以上が〈資料4〉によるY専創立の主な経過であり、この説明はその後の『一覧』でもほぼ同じものが継承されている。もっとも、その後の『一覧』を見ると、「七ヶ年制度ノ横浜商業学校ハ分レテ本校並ニ横浜商業専門学校ノ二トナレリ」という。つまり、両校は結局のところ「一ノY校ノ二ノ部分ニ外ナラザルナリ」という言葉を追加している。

要するに、Y校は中等商業学校と高等商業学校に分かれたものの、実質的には一つのものと考えられていたことになる。後年『Y校九十周年記念誌』（一九七二（昭和四十七）年）には、Y専創立を学校としての歴史の長さではなく、教育レベルのちがいから、「兄弟校へ」（八五頁）とも述べており、「弟（中等教育）のY校」と「兄（高等教育）のY専」の両校をあわせて〃オールY校〃といわれた。

〈資料4〉によりY専創立の主な経過をおおむね理解できるが、〈資料5〉はそれを補足するのに役立つであろう。それは、いま述べた『九十周年記念誌』の冒頭に収録されている高橋恭（Y校十五代校長、Y専一九三七（昭和十二）年卒業、八期）の式辞である。

高橋はY校の生誕、校長美澤の教育理念を述べたあとに、Y専創立の事情を説明している。美澤はY校において完成教育を目ざしていたので、卒業生の上級学校への進学を奨励しておらず、東京高等商業学校、神戸高等商業学校などの「高商」のパイオニア校や慶應義塾への進学も少なかったと指摘している。これは、Y校の社会的評価が高く、「特別に上の学校に進学する必要を見なかった」からという。

式辞

学校長　高橋　恭

横浜市立横浜商業高等学校創立九十周年記念の祝典に際し、その沿革を尋ね、建学の歴史を繙くことのできる機会を与えられたことは、無上の光栄といたすところである。

横浜商業高等学校の起源は遠く、明治十五年に遡る。当時は、明治維新が緒についたばかりで、通商条約が締結されてはいたものの、外国貿易はいわゆる商館貿易で、全く外国人の壟断するところであった。これはひとえに、わが貿易商の無知に基因するものであり、この不利を克服し、わが商権を回復する途は唯一つ、速かに洋式商人を養成することであった。ここにおいて、横浜貿易商組合の先覚者達が相寄り、貿易業務を教える人材養成を主眼とした学校を設立したのである。これが、わが横浜商業の起源であるが、既に学制頒布以来十年を経て、始めて横浜に商業教育が実施される運びに至ったのである。この学校制度は寺小屋式から近代教育への過渡期に当り、ハンザ同盟都市の「商人学校」に範を求めたものといわれている。そして、初代校長に迎えられたのが、福澤門下の美澤先生である。美澤先生は岡山の出身で、儒学で鍛えられた実践家であるとともに、福澤先生の感化を受けた洋学派の一人でもあった。その教学の中核は「誠」であり、校訓十則はその実践徳目であった。そして、教育の方法として、当時の知育偏重の弊を痛感され、修身（徳育）、衛生（体育）の二つを重視され、学術偏重に陥るのを戒められている。このようにして、修身実践・衛生実践の二系列が、学術の系列と合わさって、完成教育の指針とされているのである。

美澤先生は熱心な完成教育の推進者であったから、生徒が上級進学をするのを必ずしも奨励されなかったようである。本校から上級進学するコースとしては、東京高商、神戸高商、そして慶応義塾の三つが主力であったが、大正の終り頃までこの傾向は続いたものの、その数は極めて少数であった。宣なるかな、明治三十二年には、「高等なる商業学校と認定された」経緯もあって、本校の教育は当時の専門学校と同格に評価されていたので、特別に上の学校に進学する必要を見なかったものといえる。そして、大正九年十二月に規則を改正し、大正十年四月から再び予科二年、本科五年の七年制商業学校となり、中等商業学校としては全国に例を見ない存在となったのである。ここに専門学校より修業年限の一年足りない商業学校が誕生したが、実業界は全く専門学校と同じ待遇を与えていた。そもそも、本校の昇格は横浜市に移管される前年、大正五年に遡ってその端を発していたが、大正十年の学制改革に当って、七年制を採用したのも、専門学校昇格を目指したからにほかならない。大正十二年六月の市議会の調査会において、美澤先生がこのことを発言されていることによっても明らかである。しかるに、横浜市は本校の昇格に消極的で、一向に約束を履行する気配が見えなかったので、大正十一年末官立高商の設置を見るに至って、同窓会は遂いに意を決し、左右田喜一郎博士、若尾幾太郎氏を中心に、同窓の市議会議員堀江宗太郎氏、石原菊太郎氏に働きかけ、猛運動を展開し、いよいよ大正十二年九月四日の市議会に昇格案が上程される筈であったが、九月一日の大地震のために、この案は頓挫の止むなきに至ったのである。

このようにして、昇格案は日の目を見ることなく大正十三年を迎えたが、文部省は七年制商業学校を認めない方針を出したので、やむなく、本科五年、専修科二年の制度に改めたのである。ところが、文部省は二年の専修科に難色を示したので、ここに、本校の進むべき道は自ら明らかとなり、二年の専修科に一年プラスして、専門学校に昇格するほか道はなかったのである。昭和三年に横浜市立横浜商業専門学校は設置され、専修科を併合し、従来の本科は横浜市立横浜商業学校として存続した。つまり、本校は七年制を二つに分けて、形式的には商業学校と商業専門（経済専門）の二つが独立したわけであるが、実質は同じ横浜商業学校である。Y校とY専（Y校の専門部ともいう）の俗称で呼ばれているが、両者を合わせてオールY校といっている。

そして、Y校にとって最も困難な時期が訪れたのは、昭和十八年から昭和十九年にかけての、いわゆる「商業学校の廃止、転換」の問題が起きたときである。戦時中、営利追求の学問を教える学校は無用の存在として排斥されたためであるが、前田幸太郎校長を始め、磯野庸幸、美澤義雄、鈴木忠治氏などの同窓の献身と、文部大臣岡部長景氏、商工課長辻田力氏などの配慮によって、Y校は存続し、かつY専も市立経済専門としてY校に同居し、校舎を市立医専（横浜市立大医学部）に提供することによって、オールY校の静謐は保たれたのである。

戦後にいたり、昭和二十三年市立専修商業学校を統合し、定時制となし、昭和二十四年には市立港高等学校（普・商・家―女子）を統合し、かつ別科（理美容科―通信とも）を引継ぎ、総合高校として大規模化したが、昭和三十一年に七回目の普通科の卒業をもって、ここに本来の商業学校に復帰し、職業教育に専念することになった。

卒業生は創立以来、産業界を中心に、社会に貢献し、日本経済発展のために尽力されたのである。その数実に二万有六千余にのぼる。

資料5　横浜市立横浜商業高等学校産業図書館編『Y校図書　No. 8・9合併号――Y校創立九十周年記念――』1973年（複数頁にわたる資料は一つにまとめた、以下同様）

そして、Y専の高商への昇格についても、やはり横浜市への移管と七年制採用に源泉を求めている。高橋の指摘で興味深いのは、Y校が横浜市に移管されたものの、市は昇格には消極的であり、約束を履行する気配がなかったとしていることである。しかし、官立の横浜高商の設置を一九二二（大正十一）年の末に見るに至って、Y校同窓会は昇格の運動を猛烈に展開する。

「左右田喜一郎博士、若尾幾太郎氏を中心に、同窓の市議会議員堀江宗太郎氏、石原菊太郎氏に働きかけた」と、高橋は『Y校八十周年記念誌』（一九六二（昭和三十七）年、四五頁）にもとづいて述べている。この運動は成功するが、実現は、前述したように、関東大震災のために頓挫してしまうのである。

この文中にでてくる左右田喜一郎とは、「Ｙ校の生んだ偉材」（原田清司稿『Ｙ校七十周年記念誌』一九五一（昭和二十七）年、二六－二八頁）のひとりであり、Ｙ校卒業（一八九八（明治三十一）年、十期）後、東京高等商業学校に進学し、そののち九年間海外留学を行った経済哲学者のことである。

彼は一九一三（大正二）年には母校の東京高商や昇格後の東京商科大学の教授となるが、一九一五（大正四）年、Ｙ校の設立にもかかわった父・金作の死去のために左右田銀行の頭取に就任し、ほかにも多くの企業関係の要職にも就いている。主著には『文化哲学より観たる社会主義の協同体論理』（一九二五（大正十四）年）や『西田哲学の方位に就て』（一九二六（大正十五）年）などがあるが、ビジネスと研究の両立によって心身を傷め、Ｙ専設立の前年一九二七（昭和二）年に四十七歳の若さで死去している。

なお、若尾幾太郎は一九〇三（明治三十六）年卒（十五期）、堀江宗太郎は一八九九（明治三十二）年卒（十一期）、そして、石原菊太郎は一九〇六（明治三十九）年卒（十八期）であることは、『横浜市立横浜商業専門学校一覧』（一九四三（昭和十八）年の卒業生名簿（一三八－一四三頁））のなかに示されている。

そのなかで高橋も、一九二四（大正十三）年にＹ校は文部省の画一的方針に従って、五年の本科と二年の専修科に変わらざるをえなかったとしている。それによってＹ校の社会的評価は低下するが、文部省は「二年制の専修科を設けることに難色を示した」とし、ここにきてＹ校の昇格への動きは決定的になる。「二年の専修科に一年プラスして専門学校に昇格するほか道はなかった」とし、Ｙ専が設立されたときにＹ校の専修科を併合し、従来からの本科はＹ校としてそのまま存続させている。〈資料４〉ではＹ専をＹ校内に設置するとしているので、両校は別個の学校ではあるが、一体化した〝オールＹ校〟なのである。

以上が、横浜という地で誕生したＹ校がＹ専に昇格するに至った経過である。過ぎ去った歴史に「もしも」

２．Ｙ専創立までの主な経過

という仮定をおくことはできない。しかし、一八九九（明治三十二）年の文部省が告示で「但シ高等商業学校ニアラス」としたものの、もし文部省がY校の高商への昇格を積極的に推奨していれば、昇格への道はもう少し早く実現できたのかもしれない。

のちに述べるが、一八八七（明治二十）年にナンバースクールの一番目として東京に高等商業学校が設立され、二番目は前述の告示の三年後の一九〇二（明治三十五）年の神戸高等商業学校である。文部省の当時の考え方は、高商についても全国的な適正配置を重視しており、東京に近接する地域への高商設立はほとんど考慮の外にあったものと思われる。

ちなみに、官立の横浜高等商業学校の設立も一九二三（大正十二）年のことである。それは、官立高商の全国的配置がほぼ終了した時期である。つまり、Y専への昇格だけでなく、官立の横浜高商の設立についても、東京との近接性が後れを発生させた理由と考えられる。

3. 高等教育化への動きとY専のポジション

これまで述べてきたY校の昇格とY専の設立に関する経過を考えるときに、わが国のこの分野の高等教育化への動きを総体としてとらえておくことが必要である。これに関連して筆者は、「日本経営学の系譜」（鈴木英寿編著『経営学説』、同文舘、一九七六（昭和五十一）年、六七―一〇七頁）と、「経営者教育」（米川伸一編著『経営史』、同文舘、一九八六（昭和六十一）年、とくに二二二―二三六頁）をまとめており、以下の記述は主にこの二つによっている。

明治維新後の商業教育――「ビジネス教育」あるいは「経営教育」とおきかえてもよい――については、森有礼の商法講習所が一八七五（明治八）年に東京に設立されたことがスタートとされている。そして、一八七八（明治十一）年、神戸商業講習所と美澤進がY校以前に勤務した三菱商業学校、一八八〇（明治十三）年には岡山商法講習所と大阪商業講習所が設立されている。

Y校のルーツとなる「横浜商法学校」はこれにつづく一八八二（明治十五）年であり、設立時期としては早いものである。その後新潟、赤間関、名古屋、長崎、滋賀、京都、函館などにも拡大し、設立されていく。設立の目的は、〈資料5〉の冒頭にもあるように、わが国の商権の回復であり、外国人と対等に取引ができる「国際的なビジネスパーソン」の育成にあった。そして、この民間主導の時期には、中等教育、高等教育といった区分はなかった。

一八七二（明治五）年に明治政府は学制を発布するが、これらのパイオニア的な学校の設立は民間主導のものであり、国の学制に依拠するものではなかった。そして、Y校もその一つであった。

そのなかで、福沢諭吉が設立趣意書を書いた東京の商法講習所は、東京会議所、東京府庁を経て、一八八四（明治十七）年には農商務省に移管されて「東京商業学校」に変わっている。同じこの年に高等教育化に関連して中等教育と高等教育の分岐をもたらすことになる「商業学校通則」が発布されるが、同校はこの通則によらずに、〈資料5〉にもある、いわゆる洋式教育を実施している。さらに、この同じ年に文部省は所管の東京外国語学校に「高等商業学校」を設立している。

そして、翌年、東京商業学校の文部省への移管が行われると、両校は合体して「東京商業学校」になっている。そして、二年後の一八八七（明治二十）年には、官立高商のナンバースクールの一番目となる「高等商業学校」へと昇格している。その後、同校は一九〇二（明治三十五）年に第二の官立高商となる神戸高等商業学校が設立されると「東京高等商業学校」となり、さらに、一九二〇（大正九）年には「東京商科大学」に昇格する。大学昇格によってこの分野の高等教育自体に分岐が発生し、高商とその上位に位置する大学という二重構造がつくりだされることになる。

なお、東京商科大学は第二次世界大戦の戦時体制下の一九四四（昭和十九）年に、「東京産業大学」と名称を変えている。そして、戦後の新制大学制（一九四九（昭和二十四）年）により「一橋大学」となる。

要するに、東京の商法講習所は、設立から十二年後に官立高商のナンバースクールの一番目になっており、その二番目は十五年後の神戸高等商業学校であるが、その三年前にY校は「高等ナル商業学校ト認定ス」としつつも「但シ高等商業学校ニアラス」とされている。今から思うと、このときY校が高商に認定されていたならば、その後のY校はちがった発展を遂げていたことであろう。

文部省は、地域からの要請だけでなく、他の高等教育機関の設置と同じように、官立高商についても全国的な適正配置を重視しており、二番目のものを神戸に設置している。そして、官立高商の誘致で神戸に敗北した大阪は、一九〇三（明治三十六）年の専門学校令発布の翌年に市立高商を設立する。

関西地区のこの二つの高商は、Y専創立の翌一九二九（昭和四）年には、単科大学としての神戸商業大学、市立大阪商科大学に昇格を果たしており、すでに昇格していた東京商科大学とあわせて〝三商大（商業大学）〟といわれ、「商学士」を輩出するようになる。

第二次世界大戦後の新制大学制が実施されるまで、この〝三商大〟と私立大学の商学部を上位にして、下位には高等商業学校と私立大学の高等商業部が位置するというかたちで高等教育の体系がつくりあげられる。それは、前述したこの分野の高等教育自体の分岐であり、二重構造的な特徴をもつようになる。なお、商科大学については、東京帝国大学と私立大学の状況にも触れることが必要となる。

文部省は一九〇九（明治四十二）年に東京帝国大学法科に商業学科を設置し、その代わりに東京高等商業学校の専攻部の廃止を決定する。この専攻部は、同校設立の十年目にあたる一八九七（明治三十）年に、予科一年・本科三年を卒業した人びとを対象に修業年限一年で出発し、九九年にはその年限を二年間に延長している。その翌年（明治三十三年）には、卒業生にわが国で最初の「商学士」の称号を授与して、台頭する商業学校などへの教師資源の供給源の役割を果たすことになる。つまり、専攻部が学位を授与できる大学レベルのものになっていたことを示している。

そのため、商学士を授与できる専攻部の廃止決定は、東京高商に激しい反対運動を発生させ、いわゆる

「申酉事件《しんゆう》」が起こることになる。この反対運動によって専攻部の廃止は撤回されるが、東京帝国大学にも商業学科が設置される。そして、一九一九（大正八）年の大学令施行により、官立ではじめての商業学科と経済学科からなる経済学部（現在の東京大学経済学部の前身）をつくりあげることになる。

そして、大学令（一九一九（大正九）年）によって私学が旧制の専門学校から大学として認められるようになる。慶應義塾大学、早稲田大学、明治大学、中央大学、日本大学などが大学ランクのものとなり、この分野の教育にも進出する。福沢諭吉の慶應義塾は一八九〇（明治二十三）年にすでに理財科を設置し、この分野のパイオニア・スクールになっていたが、専門学校令施行の一九〇六（明治三十六）年には明治大学、翌年には早稲田大学に「商科」が設立されている。

さて、話を再び高商に戻して、三校（東京、神戸、大阪）のあとの発展を見ていく。文部省は一九〇五（明治三十八）年に山口と長崎、一九一〇（明治四十三）年に小樽に官立高商を設立している。これらは現在の山口大学、長崎大学の経済学部、そして小樽商科大学につながっている。

また、高等教育化が量的に進展する大正期になると、名古屋（一九二〇（大正九）年）、大分と福島（一九二一（大正十）年）、彦根と和歌山（一九二二（大正十一）年）、高松（一九二三（大正十二）年）、横浜と高岡（一九二四（大正十三）年）に官立高商がつぎつぎに設立されていく。これを見ると、横浜高商が後発的であることがわかる。これらはいずれも、のちの国立大学の経済系学部として継承されていく。なお、日本支配下の朝鮮半島や台湾にも高商が設立されている。

Y校が中等教育機関として高度化を求めて独自の歩みを展開してきたと2. で述べたが、実際のところ、四十年の歴史をもつY校が、このような周辺の急速な高等教育化への動きにきわめて敏感になっていたことが推察される。

「高等ナル商業学校ト認定ス」、「但シ高等商業学校ニアラス」のY校にとって、このような高商設立に後れをとることはできない、という意識が美澤進や左右田喜一郎などのY校関係者には強くあったと考えるべきである。しかし、甚大な被害をもたらした関東大震災の発生によって、Y校の昇格によるY専の設立は遅れざるをえなかったのである。

ところで、私学にも高商が設立されている。明治末期から大正年間にかけて大倉（現在の東京経済大学）、松山（現在の松山大学）、成蹊（現在の成蹊大学）、高千穂（現在の高千穂大学）などの高商が設立される。

そして、Y専設立直後の一九三〇（昭和五）年頃までにも多くの設立が見られ、横浜市内に限定していえば、関東学院の高等商業部と横浜専門学校（神奈川大学の前身）がそれになる。これにより横浜では、横浜高商、Y専を加えた「四校体制」が確立する。

以上のように、Y専の設立は、商業教育の高等教育化への動きの一環あるいは対応として行われてきたといえる。文部省は全国に官立高商を設置し、私学もそれに追随している。それだけでなく、大学令の発布による三商大の発足や東京帝国大学への経済学部の設置、さらに私立大学の認可によって、このような高等教育化の進展のなかで高商と大学の二重構造をつくりあげている。

Y専はこのなかでは高商のランクにあった。しかも、官立と私学のはざまでは珍しい市立であった。大阪市立の高商が市立大阪商科大学に昇格してしまうので、いわゆる「公立校」としてはY専のほかに兵庫県立神戸高等商業学校（現在の兵庫県立大学）があるだけで、それもY専設立の翌一九二九（昭和四年）に創立されている。つまり、公立高商はわずか二校にすぎなかった。

なお、のちの話にも関連するので補足しておきたいのは、このような二重構造のもとでは高商と大学はランクを異にしており、大学には高商卒業後に入学することになる。多くは高商を卒業して直接ビジネスに従事し、その一部が大学に進学している。

美澤はY校における完成教育を目ざしたので、上級の高商への進学を勧めなかったが、〈資料5〉のなかで、実際には東京高商、神戸高商、美澤の母校である慶應義塾への進学者が少数いたことを明らかにしており、左右田がその一例である。ところがY専の時代になると、東京商科大学や慶應義塾などへの進学者がでてくる。ここでは、ふたりの事例を取りあげたい。

ひとりは、横浜市立大学で「社会思想」を担当し、ジョン・ロックなどの研究ですぐれた業績をつくりあげた田中正司（のちに一橋大学教授）である。筆者は一九七九（昭和五十四）年に横浜市立大学に着任したが、当時Y専出身者の教授が勤務していたことを記憶しており、彼もそのひとりである。

彼は田中著・甲子《きのえね》の詩《うた》刊行会編『甲子の詩――市大三十五年の歩みの中で――』（一八八四（明治十七）年、一六七頁）によると、一九四一（昭和十六）年にY専に入学し、一九四三（昭和十八）年九月に戦時下で繰りあげ卒業（十五期）となり、企業勤務や召集ののち、終戦後に東京商科大学に入学している。

もうひとり、横浜を代表するビジネスパーソンであり、文化人でもあった崎陽軒のトップマネジメント・野並豊は、Y校とY専の卒業生であり、Y専を田中の二年前の一九四一（昭和十六）年十二月に繰りあげ卒業（十三期）になっている。美澤進の名をとってつくられたY校、Y専、横浜市立大学の同窓会・進交会で力を尽くし、筆者もご指導いただいたが、それだけでなく、横浜市立大学の講師などを引き受けていただいた。彼の著書『大正浜っこ奮闘記』（神奈川新聞社、二〇〇七（平成十九）年、三七‐六〇頁）を見ると、卒業後に召集され、終戦後は復員して慶應義塾大学経済学部に進学していることがわかる。

このような二重構造下の進学や学歴獲得のコースは新制大学の発足までつづき、その発足によって高商レベルの専門学校が大学に昇格するので、この二重構造は解消され、大学も高商も同じランクのものになった。Y専も大学に昇格し、横浜市立大学商学部になる。

以上、中等教育機関として独自の歩みを進めてきたY校の教育はレベルが高く、それがY専への昇格につながっているが、横浜市の動きの鈍さと関東大震災の発生があって、昇格が遅れざるをえなかった。そして、この間、文部省による官立高商の急速な整備が全国的に行われている。

さらに、ワンランク上にある商業大学が設置され、前述の二重構造をつくりあげる。また、Y校の昇格をはかろうとしていた時期には国は大学令を発布し、私学でも高商に加えて大学教育が展開されはじめる。Y専はまさにこのような時期に、公立高商として設立されている。

要するに、Y専設立時のわが国では、この分野の高等教育の量的な拡大が確実に実現されていたといえる。そして、理論的な志向性をもつ大学と、どちらかといえば実践性を重視する高商レベルの二重構造も形成され、質的な分化が見られるようになったのである。

4. 創立期におけるY専

〈資料1〉の四頁にあるY専規則の第一条を見ると、実業学校令と専門学校令により、「外国貿易ニ従事セントスル者ニ対シ高等ナル商業教育ヲ施シ並ニ人格ノ淘治ヲナスヲ以テ目的トス」とあり、修業年限は三年で、旧制の中等商業学校か、中学校の卒業者が入学条件であった。一学年の学生定員は百名で、全体で三百名になっている。

〈資料6〉はY専創立時の教職員組織（〈資料1〉の一四－一五頁）である。矢田校長事務取扱は、教授五名、助教授四名、講師十七名の教育スタッフを短期間に準備している。もっとも、質的レベルの高い現職のY校教員の兼任が多く、その力に依存するところが大きかった。

具体的には、〈資料1〉のY校の教員名簿（二一－二二頁）のなかで、外交官出身の矢田は校長事務取扱であり、つづいて教授になった唯野眞琴（簿記）、岡野直泰（法律）、波多野堯（経済）の三名が名を連ねている。そして、体操、教練担当の助教授大友清治と英語担当の助教授井手芳之助の二名が「Y校ヨリ」の兼任と表示されており、かれらはY校の教員名簿のほうにも載っている。

さらに、講師レベルでは十七名中の七名がY校の教諭で、淺野峰治郎（商品）、青木兵之助（国語、漢文）、木下壽作（習字）、金田實（商業算術）、宮澤房吉（高等数学）、黒澤浩太郎（英文速記、タイプライチング）、角野政雄（珠算）である。

横濱市立横濱商業專門學校職員（昭和三年五月一日現在）

校長事務取扱 教授	正四位 勳三等	矢田長之助	修身		
教授	從六位	唯野眞琴	商業簿記、英文簿記		
教授	正七位 法學士	岡部直泰	法律（通論）		
教授	商學士	波多野堯	經濟		
教授	商學士	藤井萬三郎	商業		
教授		倉長眞	英語		
助教授		坂田道夫	体操		
助教授		柴田實	西班牙語		
助教授	勳六等 功七級	大友清治	体操、教練	横濱商業學校ヨリ	兼
助教授		井手芳之助	英語	横濱商業學校ヨリ	兼
講師	正六位	小此木爲二	英語	東京商科大學ヨリ	
講師	經濟學博士	木村增太郎	經濟事情	東京帝國大學ヨリ	
講師	マスター・オヴ・ビズネス・アドミニストレイション 從六位 勳六等	村瀨玄	英文簿記	東京商科大學ヨリ	
講師	正六位 工學士	山下誠太郎	機械及電氣	横濱高等工業學校ヨリ	
講師	法學士	伊藤朝生	民法		
講師	文學士 哲學士	ホセー・ムニヨス・ベニヤルヴエール	西班牙語	東京外國語學校ヨリ	西班牙人
講師		エリク・エス・ベル	英語		英國人
講師		エッチジエー・フーバー	英語		仝
講師		揚雪倫	支那語	中華民國公使館書記官	支那人
講師		朱芾	支那語	中華民國領事	仝
講師	從六位	淺野峰治郎	商品	横濱商業學校ヨリ	
講師	正七位	青木兵之助	國語、漢文	仝	
講師		木下壽作	習字	仝	
講師	商學士	金田實	商業算術	仝	
講師		宮澤房吉	高等數學	仝	
講師		黑澤浩太郎	英文速記、タイプライチング	仝	
講師		角野政雄	珠算	仝	
書記		福井仙太郎			
書記	從六位 勳四等	藤堂良平			
書記	正七位 勳七等	余語榮之助		横濱商業學校ヨリ	
書記	勳八等	佐藤金藏		仝	
校醫		藤井幸雄		仝	

資料6　横浜市立横浜商業学校編『横浜市立横浜商業学校　横浜市立横浜商業専門学校一覧』1928年

また、創立にあたって新規採用されたのは教授二名（藤井萬三郎（商業）、倉長眞（英語））と、助教授二名（坂田道夫（体操）、柴田實（スペイン語））と思われる。そして、講師については、東京商科大学、東京帝国大学、横浜高等工業学校（現在の横浜国立大学理工学部の前身）などの教員に依存している。しかし、Y校との兼任的な教員のウエートは大きく、まさにY校依存の〝オールY校〟の実質であった。

〈資料7〉は創立当時のカリキュラム体系を示している。商業学校卒と中学校卒では少し違いがあるものの、基礎科目としての「修身、体操、国語及漢文、習字及作文、数学、商品及地理、歴史、外国語（第一と第二）」などと、専門科目としての「経済、法律、簿記及会計学、商業学、貿易事務、工学」などから構成されている。

しかし、基礎科目といっても商品及地理は商品論や内外商業地理などであり、歴史も内外商業史や経済史であって、専門科目といえるものである。専門科目の経済は、原論、各種政策論、金融論、財政学と経済史などからなっている。

そして、法律は通論、民法と商法、商業関係法などである。また、会計学には各種簿記論、会計学、原価計算などがある。

さらに、商業学は商業通論、売買、商業各論、銀行論、商工経営、商品及地理の科目などからなっている。このなかの商工経営が、現在の経営学にあたるものである。残るは貿易実務（外国為替と貿易実務など）と工学（応用科学、機械・電気）である。

もう一つ、このカリキュラム体系は他の高商とほぼ同じものと考えられるが、このなかで修身と体操が重視されていることについては、美澤の考え方が反映されていると見るべきである。美澤は〈資料2〉の校訓十カ

科目	第一學年 每週時數	第一學年 課程	第二學年 每週時數	第二學年 課程	第三學年 每週時數	第三學年 課程
修身	一	修身	一	修身	一	修身
体操	二	体操敎練	二	仝上	二	仝上
國語及漢文	商三	國語漢文				
習字及作文	一	習字	一	商業作文		
數學	中二	珠算				
	中一	商業算術	二	商業算術		
	商一	高等數學初步				
商品及地理	中二	商品	二	內外商業地理	二	海外（主トシテ東洋南洋南米）經濟事情
歷史					（二）（二）	內外商業史 經濟史
第一外國語	商一〇 中八	英語	一〇	仝上	九	仝上
第二外國語	四	支那語其他	四	仝上	四	仝上
經濟	三	原論	（二）（二）	商工政策 社會政策、植民政策	一一	貨幣及金融 財政學
法律	二	通論	二	民法	二	商法 商事關係法規
簿記及會計學	中三	商業簿記	三	英文簿記 銀行簿記 工業簿記	二	會計學 原價計算
商業學	三	商業通論 賣買	三（一）	各論（交通、寄託、稅關）銀行	三	各論（保險）商工經營
貿易實務	一	英文速記及タイプライチング			四	外國爲替及貿易實務
工學	商二	應用化學	（一）	機械及電氣		
計	三三		三三		三三	

備考

(1) 前表時數中商ハ商業學校卒業者中ハ中學校卒業者ニノミ課スルモノ

(2) 時數ニ括孤ヲ附シタルモノハ撰擇科目ニシテ同行內ノモノハ其ノ內一ヲ選ミ第二學年ノ機械及電氣ト銀行トハ其ノ內一ヲ選ムモノトス

(3) 第二外國語ハ西班牙、伊太利、支那、露西亞、馬來、獨乙、佛蘭西ノ諸語中其ノ一ヲ選ミ必修セシム但シ希望者少キトキ又ハ學校ノ都合ニ依リ其ノ一語又ハ數語ヲ缺クコトアルベシ

(4) 第三學年ニ於テ貿易實務其ノ他ニ關スル調査ヲ命シ卒業論文ヲ提出セシム

(5) 隨時課外授業及講演又ハ實務見學ヲナサシム

資料7　創立時のカリキュラムの内訳（横浜市立横浜商業学校編『横浜市立横浜商業学校　横浜市立横浜商業専門学校　一覧』1928年）

条を制定したが、そのなかで知育偏重の教育を排し、修身（徳育）と衛生（体育）を重視し、これを含めた三つを統合した教育を目ざしていた。この考え方がY専のカリキュラムづくりの根底にもあったと思われる。

なお、美澤はY校の昇格を目ざしていたが、その実現を見ることはできなかった。しかし、たとえ生存していたとしても、彼はY校の校長であるが、Y専の校長になることは望んでおらず、適任の人材を求めていたようである。

ところで、創立されたY専はY校と同居していたが、関東大震災によってY校の校舎は大きな被害をうけている。現在ある南区南大田町のキャンパスは、市中心部から移転して一九〇四（明治三十七）年に校舎の起工が行われ、翌年に新築移転されたものである。しかし、大震災の発生でこの校舎は一部の施設を除いてほぼ倒壊している。

ただちに復旧工事を行って授業を再開するが、一九二六（大正十五）年に第一期の本館校舎、一九二八（昭和三）年には第二期の工事が終了し、Y専はここに設置されている。そして、Y専の入学式の十日後に、Y校校舎の落成式と美澤の胸像除幕式、Y専の開校祝賀会が行われている（『Y校九十周年記念誌』のY校沿革比較年表、一九七二（昭和四十七）年、一八一二一頁）。つまり、同じ敷地のキャンパスにY校生とY専の学生が同居し、学習していたことになる。

この創立期については、工藤進稿「思い出すまま」（『Y校九十周年記念誌』、一三九一一四二頁）が興味深く、当時の状況を知ることができる。一九二九（昭和四）年、東京帝国大学法学部の求人用掲示板で「公立実業専門学校私法教授一名採用、横浜市」を見た工藤は、昭和恐慌の就職難のさなかに応募して採用されている。同年四月九日に着任し、矢田Y校Y専兼任校長事務取扱から辞令を受け取っている。

しかし、すでに〈資料6〉で見た教員スタッフのなかに彼の名前を見つけることはできない。矢田が創立の翌一九二九（昭和四）年十二月に退職し、校長が横浜市の助役大西一郎に代わっており、ほかにも根拠があるが、工藤のY専生活はこの一九二九年からスタートしている。

Y専には専用の校舎がなく、Y校の二階の一室がY専の教員室、三階の六教室がY専用の教室に割り当てられているのが実情で、「しばし途方にくれた」（一三九頁）としている。教員スタッフには、木村元治（商業学・経営学）と石井眞峯（英語）が他校から転任し、Y校からは〈資料6〉にある岡部直泰、波多野堯、金田實がいたという。そして、新任は東京商科大学卒業の荒木直（商業学）、小原敬士（商業地理）と工藤であり、まだ手薄な状態であった。

ところで、工藤によると、「創立から四、五年の間、Y校からの進学者は全体の二割前後の少数派であり、ほかは東京など全国から入学していた。しかし、そうしたことが、いわば「老大国」Y校卒の人びとにとって、とかく自負心が頭をもたげ、独立した「青くさい」専門学校の設置に対する抵抗感となったりしたようである。いずれにしても、やどかり生活は、新しい学校づくりに気負いこんできた当時の若い学生たちにとって決して快適とは言えなかった」（一四〇頁）と述べている。

これでは、二つが一体化した〝オールY校〟とはいいがたい状況であり、さらに、いたしかたないことであったが、Y校の卒業者と外部からの進学者との間にある種の心理的な対立感情も生まれている。

そして、このような対立感情は教員どうしにも発生していた。「Y専ができて、もはやY校は高等なる商業学校ではなくなったはずなのに、Y専の教授にも、講師にもなれなかった先生で意地悪をする人も」（一四〇頁）いたようである。〝オールY校〟といっても、二つのレベルのちがう学校の同居は、昇格前には思いもよらなかったような緊張感を生じさせている。

大西校長事務取扱は短期間で任を解かれ、専修科二年次生のY校からの編入者が卒業した一九三〇(昭和五)年三月(一期生)には、台湾の台北高商から転任してきた武田英一に代わっている。優秀な教員の採用に精力的に努力した武田は、二年後の一九三二(昭和七)年七月に退職しているが、『Y校七十周年記念誌』(一九五二(昭和二十七)年)に「在職時代の思い出」(五四―五七頁)を寄せている。

それによると、在任中の苦労はY校ではなく、もっぱら昇格したY専のほうにあったという。「生徒の年齢従って思想の違いは、教職員の身分の差、之から生ずる教職員の考え方の差異等が、両校生徒の指導教職員の融和等に事毎に矛盾を来し、之の調整に努力したにもかかわらず何等の効果がなかった」(五五頁)と、工藤と同じことを明らかにしている。そして、両校をうまくまとめて実質的に一体化した〝オールY校〟にしていきたいと思っていたが、それは無謀な努力であり、自分の能力を超える試みであったとまでいいきっている。

加えて、Y専は横浜市立であるために、官立高商とちがって経費が不十分であったともいっている。教員スタッフの質的レベルは必ずしも見劣りするものではないが、「目と鼻との間の官立高等商業学校が、充実した設備と豊富な予算とを以って君臨しておって、如何とも手も足も出ない」(五五頁)ともいう。

この点では同じ『Y校七十年史』(以下、『七十年史』とする)に「Y校の教壇に立った頃」を書いた林信雄(Y校・Y専の外部講師で、のち横浜市立大学教授に就任)は、「Y校・Y専に、わたくしが学外者として応援に出かけていたころは、椅子一つ与えられなかった」(七六頁)と述べている。

Y専やその後の横浜市立大学の歴史のなかで、とくに横浜市会を中心に無用論や廃止論が何度か主張されたことがあったようであるが、市としては財政に余裕がないなどのために、官立に匹敵するほどの財源を提供できなかったことが想像される。

さて、工藤や武田が共通して指摘したY校とY専に存在していた雰囲気の悪さは、その後どのようになったのであろうか。工藤によると、一九三二（昭和七）年十月末に行われたY校創立五十周年祝賀式が改善に役立ったという。〝母屋Y校〟と〝やどかりY専〟、それとY校の同窓会・進交会による三者協力で、千名を超える人数を集めた祝賀会は成功裡に終わり、両校の間にあったわだかまりが消えていく。

これについては、工藤も『七十年史』において『「オールY校」自覚のころ』（七一－七三頁）を書き、同じ趣旨のことを明らかにしている。「Y校出身の生徒と他校からの生徒との間の反目的傾向、また同窓会の一部におけるY専とのつながりをいさぎよしとしない自負的傾向等々」（七二頁）があり、〝老大国Y校〟と〝少年国Y専〟との間には、武田が自分の能力ではとうてい解決できないとしたしっくりしない雰囲気があったというが、この祝賀会の成功がそれを消失させたという。

この成功ののち、工藤は岡部直泰のあとをついでY校の四年生に民法、五年生に商法を講義することになる。Y専教員による専門学校レベルの授業が行われたというY校での授業がいつからスタートしたかは正確にはわからないが、前述の林信雄によると、彼がY専で民法を講じていたその後の戦時下では、両校の関係は明らかに改善され、「Y専とY校とは兄弟関係にあり、まことにしっくりと事が運ばれていたように、少なくとも学外者の私には見えた。Y専の教授がY校へ、Y校の先生がY専へ、しかし手当はなしに、という風に講義上の工夫があったようである」（七六頁）という。つまり、この時期にはかなりの程度まで良好な〝オールY校〟の実態がつくられていたと見てよい。

5. Y専の充実と専任校長・前田幸太郎

Y校との共同生活でスタートしたY専は急速に充実の方向にすすみ、高商としても高い評価を得るようになる。すでに述べたが、創立時の入試は四月下旬に行われたので、定員百名に対して志願者は二百三十七名であった。しかし、翌一九二九(昭和四)年の入試では三百四名、一九三〇(昭和五)年は二百一名である。

そして、一九三一(昭和六)年になると四百三十四名、三二年には五百八十五名、三三年には五百五十五名、三四年には七百二十五名へと急増している。つまり、志願者の倍率はそれ以前の低倍率から、四倍、五倍、さらに七倍になっている。倍率七倍という急増をうけて、横浜市はこの年に一学年の定員を百名から百五十名に増やしている。これにより志願者はさらに増加し、一九三五(昭和十)年の入試志願者は千六十七名と、千名の大台を超えている(〈資料8〉の八一―一〇頁)。明らかにY専の人気が高まっていたと考えることができる。

その背景にはいろいろな要因が考えられるが、Y専内部でいえるのは、内容の充実がはかられたことがあげられる。一九三二(昭和七)年はY校創立五十周年記念の年であり、その祝賀会がY校、Y専、同窓会の三者の協力で成功したことについてはすでに述べたが、この年前田幸太郎が専任校長となり、校長事務取扱の武田英一は退職している。

「校祖」ともいうべき美澤の亡きあとの約十年間、Y校の後継校長は決まらず、校長事務取扱というかたち

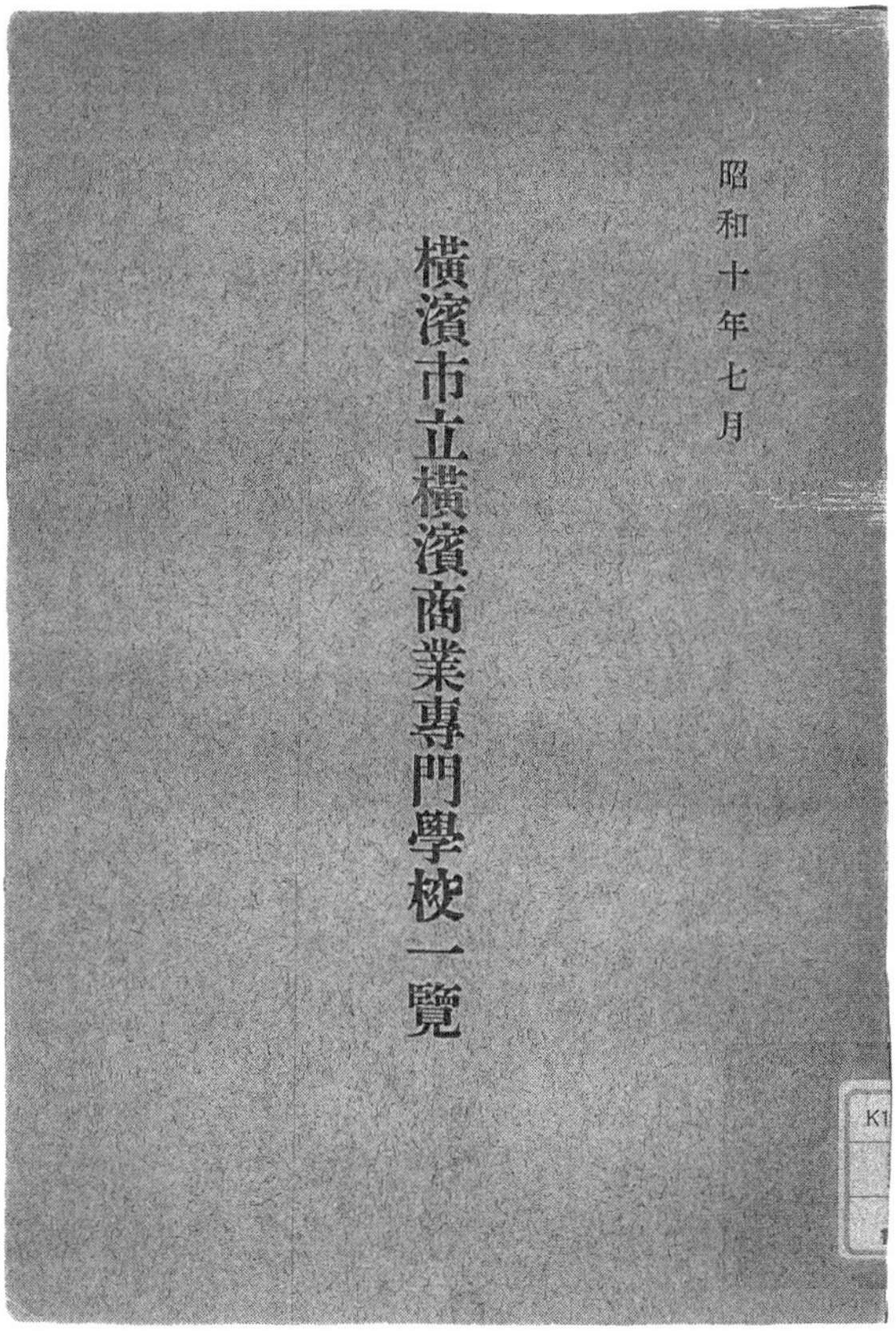

資料 8　横浜市立横浜商業専門学校編『横浜市立横浜商業専門学校一覧　昭和十年七月』1935 年

で、唯野眞琴、星野太郎、森本泉、矢田長之助、楢岡徹、矢田長之助、大西一郎、武田英一の順で小きざみなリレーが行われた。未決の状態が長期にわたってつづいた理由は定かではないが、このような短期の交代はY校とY専にとって好ましいことではなかったと推察される。

〈資料9〉は、一九四三（昭和十八）年十月の繰りあげ卒業生の卒業記念アルバムに掲載された前田の写真である。このときの卒業生のひとりが3．でも述べた田中正司である。

前田の前任校・山口高等商業学校（現在の山口大学経済学部の前身）は、官立高商としては長崎と同じ一九〇五（明治三十八）年に設立された三番目の伝統校であり、彼は同校の筆頭教授であった。山口から移ってきた彼はY校・Y専の専任校長として活躍し、Y校では約十年つづいた〝前田の時代〟ともいわれた。ただし、Y校については一九四一（昭和十六）年に校長の任を解かれてY専だけの校長になり、その後Y専の新制大学移行後は横浜市立大学の商学部長、第三代の学長にも就任しており、その貢献は大きい。そのため、〝Y校の美澤〟に対して〝Y専の前田〟ともいわれている。

前田は横浜商法学校設立の翌一八八三（明治十六）年に京都に生まれ、商学士の称号を与えていた東京高等商業学校専攻部を一九〇九（明治四十二）年に卒業し、下関市立商業学校を経て一九一六（大正五）年から山口高商に勤務していた。『Y校九十年誌』に「前田幸太郎先生」（一八六―一八七頁）を書いたY校卒で教諭ともなった永久保武によると、教員に対する人事面で手腕を発揮し、〝名伯楽〟であったという。自由を尊重し、やかましいことはいわなかったが、他面では教員の研究を奨励し、Y校は専門学校レベルの教員組織になっていたとしている。

理論性や合理性を重視した彼は、美澤の〝誠実〟に対して〝見識〟の人と評されている。しかし、この見識

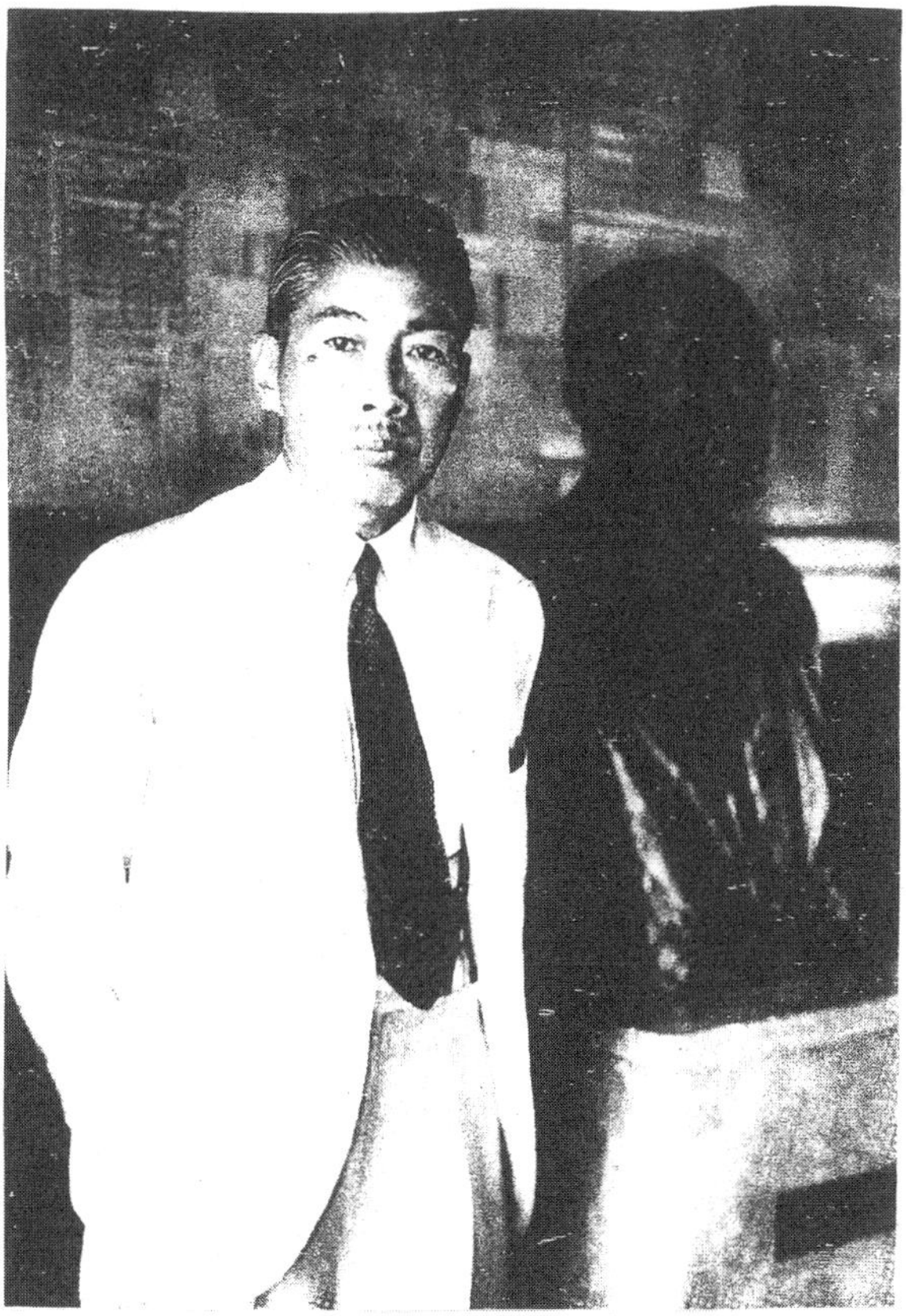

資料9　Y専校長・前田幸太郎（横浜市立横浜商業専門学校編『昭和十八年九月　卒業記念』（卒業記念アルバム）1943年）

は「傲慢無礼」（高橋恭稿「前田・木村・荒木三校長の思い出」、『七十年史』、七八頁）とも見られていた。理論を前提とした言動は、永久保によると、着任早々の市議会議員との衝突をもたらしている。また、一九三八（昭和十三）年九月の治安維持法違反に問われた早瀬俊雄、小原敬士の裁判にも証人として出廷し、「学問の自由」を主張して両者を弁護した人物であった（一八一頁）。

「傲慢無礼」という世評を書いた高橋は、前田を次のようにも記している。第一に非常に潔癖であり、それは普通の人間の想像を超えるものである。第二に意志の人であり、心臓は強く、批判をうけても排除して進む人間である。別の表現でいうと、自信家で独善的なので、節操を曲げない性格である。もう一つは一国一城の主《あるじ》であるが、家来のいない城主である（七九頁）。

Y専は強腕・信念の人ともいうべきこの前田のもとで充実を遂げる。〈資料10〉は一九三五（昭和十）年当時の教員リストである。カリキュラム体系は創立時と同じであるが、教授・助教授陣の充実は全国の高商のなかでもきわだっていた。

とくに教授陣の急速な整備が行われた。創立時五名の教授のうち残っているのは波多野堯だけであり、十六名が新たに任命されている。木村元治（商業通論、商工経営、科学的管理法）、石井眞峯（英語）、荒木直（売買組織、銀行簿記、原価計算）、小原敬士（商業地理、経済史、経済事情、植民政策）、工藤進（民法、ドイツ語）についてはすでにあげたが、光畑愛太（英語）、安富成中（修身、フランス語）、早瀬利雄（社会政策、交通、財政、社会学）、小山傳三（為替、貿易実務、海運、信用状論）、塩野谷九十九（銀行、貨幣、景気変動論）、宮崎力蔵（経営学など、Y校兼任）、新関寛夫（商法、憲法）、田島四郎（商業算術、工業簿記、会計、会計監査）、武藤正平（近代史、ドイツ語、法理学）、石原眞之助（Y校兼任、商業実践）などがスタッフとして加わっている。

四名から七名に増加した助教授陣については、外国語の小林武麿（スペイン語）、内片孫一（英語）、井手芳之助（英語、創立時からＹ校兼任）、香川一郎（体操、Ｙ校兼任）のほか、村松早苗（商業作文、Ｙ校兼任）、山口辰男（商品、Ｙ校兼任）、佐々間幸夫（商業簿記、商業算術、保険、社会政策）などがいる。

教員リストを見るとわかるように、十七名中十名が商学士保持者であり、そのほとんどが東京商科大学の卒業生であった。当時、東京商科大学の卒業生は、Ｙ専以外の横浜市内の他の高商（横浜高商、横浜専門学校、関東学院高等商業部）で教員になる人間も多かった。第二次世界大戦後、これらの四高商をルーツにもつ「横浜四大学連合学会」が地域をベースにした研究会・学会として設立された背景には、このような同じ大学の卒業生という人的なつながりがあった。

こうした教員組織の充実のなかで、一九三三（昭和八）年七月に横浜の貿易の発展に資するために「横浜経済研究所」が設立されている。前田が所長、木村元治を次長に、総勢十八名からなっている。そして、同年十月には第一回の経済講演会を開催し、翌年五月と十月には第二、三回の経済講演会を行って、研究成果を公刊している。

ところで、一九三五（昭和十）年六月になると、Ｙ専はＹ校の校地の隣接地に五ヵ月間を要して独立校舎を完成させている。新校舎の建設には八万三千八百円を要したが、七万円を寄付した中区弁天通りの貿易商・松浦吉松による貢献が大きかった。不足分はＹ校同窓会と市役所が負担したが、松浦の篤志がなければ完成できなかった。約二千坪の校地に木造二階建て校舎（六百八十三坪）が建てられる。

この寄付を可能にしたのには、当時の市長大西一郎の口ぞえがあったからである。前田は「Ｙ校五十周年より六十周年まで――思い出すことの二、三――」（『昭和十七年報清水丘』（Ｙ校六十周年記念誌）、一九四二年、

職名	擔當科目	横濱經濟研究所	校友會役員	校務分擔		氏名	本籍
校長		所長	會長		商學士	前田幸太郎	京都
教授	商業通論、科學的管理法、商工經營、	次長	副會長	庶務課長 就職委員長	商學士	木村元治	東京
教授	法學通論、經濟事情、東洋文化史	所員	ラ式蹴球部長	教務課長 就職委員	商學士	安彥孝次郎	山形
教授	英語		語學部長	生徒課	マスター・オブ・アーツ（ワシントン大學）	石井眞峯	靜岡
教授	英語		音樂部長	三B主任 就職委員 生徒課		光畑愛太	岡山
教授	經濟原論、商業政策、經濟政策、取引所論	所員	庭球部長	一B主任 調査課長	商學士	波多野堯	愛知
教授	修身、佛語		總務部長	生徒課長 就職委員	文學士	安富成中	新潟
教授	賣買組織、保險、原價計算	事業部長	野球部長	三A主任 就職委員	商學士	荒木直	廣島
教授	商業地理、經濟史、經濟事情、植民政策	研究部長	劍道部長	圖書課長	商學士	小原敬士	靜岡
教授	民法、獨語	所員			法學士	工藤進	山形
教授	爲替、貿易實務、海運、信用狀論	庶務部長	籠球部長	二A主任 調査課	マスター・オブ・ビジネス・アドミニストレーション（ペンシルベニヤ大學）	小山傳三	愛知
教授	社會政策、交通、財政、社會學	編輯部長	水泳部長	二C主任 圖書課	商學士	早瀨利雄	兵庫
教授	銀行、貨幣、景氣變動論	資料部長	ア式蹴球部長	二B主任 調査課	商學士	塩野谷九十九	愛知
教授	（兼）	所員			商學士	宮崎力藏	福岡
教授	商法、憲法	所員	弓道部長	教務課	法學士	新關寛夫	山形
教授	商算、工業簿記、會計、會計監査	所員	柔道部長	教務課	商學士	田島四郎	東京
教授	近世史、獨語、法理學	所員	端艇部長	一C主任 圖書係	法學士	武藤正平	東京
教授	商業實踐（兼）	所員			商學士	石原眞之助	群馬
配屬將校	教練				陸軍歩兵中佐	遠藤舒	福岡
助教授	スペイン語					小林武麿	東京
助教授	英語		卓球部長		マスター・オブ・アーツ（コロンビヤ大學）	内片孫一	滋賀
助教授	英語（兼）					井手芳之助	長崎
助教授	商業作文（兼）					村松早苗	神奈川
助教授	商品（兼）	所員				山口辰男	神奈川
助教授	体操（兼）					香川一郎	香川
助教授	商簿、商算、保險、社會政策	所員	講演部長	一A主任	商學士	佐久間幸夫	神奈川
講師	体操		競技部長	生徒課		坂田道夫	宮城
講師	工業大意					山下誠太郎	愛知
講師	自然科學					堀江不器雄	兵庫
講師	國漢	特務部長				青木兵之助	福井
講師	高等數學					宮澤房吉	新潟
講師	メイプライチング					黒澤浩太郎	秋田
講師	支那語					本田清人	熊本
講師	珠算					山崎與右衛門	三重
講師	教練			教務課 生徒課	陸軍歩兵少尉	笠原恒治	東京
講師	佛蘭西語				商學士	森龍雄	東京
講師	書道					宮久保武雄	神奈川
講師	スペイン語					ホセー・ムニヨス・ベニヤルザエール	スペイン
講師	英語會話					エリツク・シチエワード・ベル	英國
講師	支那語					黄霽蓬	中華民國
講師	商英、英簿					アール・イー・キヤメロン	英國
講師	英語會話					ジエー・エツチ・コース	加奈陀
講師	英簿					ウヰリアム・メイソン	英國

資料 10　横浜市立横浜商業専門学校の教職員（横浜市立横浜商業専門学校編『横浜市立横浜商業専門学校一覧』1935 年）

四頁）で、松浦の好挙には大西と、間接的には市内の有力者の野村洋三および松村亮吉がかかわったとしている。

　これに関連して、この独立校舎のあと、図書館の建設や運動場の改修が課題となるが、図書館については、前田は市長の青木周三とＹ校同窓会の長老・中村房次郎（Ｙ校一期）を説得し、その支援を得ている。前田はもちまえの見識のもと、市会で一度否決された提案を再度審議にもちこんで成立させている。

　なお、Ｙ専はこの独立校舎を一九四四（昭和十九）年三月まで使用し、その後は戦時体制下に新しく発足した横浜市立医学専門学校（横浜市立大学医学部の前身）に譲っている。

　さて、この新校舎建設について、田島四郎稿「寄生木生活の頃」（『九十周年記念誌』、一四九－一五三頁）は興味深い。「寄生木《やどりぎ》」とは、ほかの木に根をおろして、その木の養分を吸いとる木のことであり、Ｙ専は〝オールＹ校〟のもとＹ校を宿り木にしていたというのである。

　田島の着任は一九三四（昭和九）年四月であり、金田實の東京商科大学への転出にともなっている。したがって、彼も両校が同一校舎であるがゆえの遠慮や気兼ねをともなう共同生活をしており、「Ｙ専は規模が小さく、設備も十分とはいえなかった寄生木生活だった」（一四九頁）と述べている。この年は、すでに述べたように、志願者増加にともなって入学定員（旧制中学校出身者百名、商業学校出身者五十名）を五十名増やしている。

　両校の学生と生徒はこれによりさらに不自由さを感じており、教室だけでなく、図書館や研究室の利用などでもそれは見られている。それがＹ専の校舎独立の動きとなり、前述したように、翌年Ｙ校の隣接地に急きょ独立校舎が建設されている。本来なら全額市費による長期間使用可能な永久校舎を建設すべきであったが、「不便不自由な生活環境の改善が急務とされた」（一五〇頁）のである。

つづけて、「独立校舎とは名のみ、一部の人からはY校の庭の隅に建てられたY校の寄宿舎のような観があつたと批評されたものであったけれども、学生は独立校舎をもつことができた喜びに溢れ、ここに腰を落ち着けて食堂を新設し、研究室・経済研究所を含む図書館および書庫を増設した」(一五〇頁)という。

田島はその後のY専の経過にも触れているが、すぐれた教育スタッフの整備だけでなく、独立校舎の建設はY専の学生たちの喜びと自信につながったとしている。その意味では、独立校舎は確実にY専充実の一つの要因になったと考えることができる。

なお、Y専の充実には、いうまでもなく、Y校の教員の質の高さや伝統による支えもあった。Y専設立にはY校兼任の教師の力が大きかった。そして、他の商業学校と同じように、Y校は商業取引や貿易実務のシミュレーション(模擬実験)である「商業実践」を重視してきた。

『七十周年記念誌』に「追憶の道」(五二一五四頁)を書いた間淵要(四十三期)は、関東大震災の年にY校に入学し、被災した校舎が新しく完成する一九二八(昭和三)年に卒業している。

校舎は鉄筋コンクリート三階建てとなり、「バラックの応急授業から、フーパー教師の徹底せる英会話教授、エルシー・スミス(当時最新式)タイプライターによる完備せるタイプライター授業、理想的設備に基く外国貿易模擬実践教育等へと急進していった」(五二頁)と述べている。ここには、理想的な施設を利用して「商業実践」などが教えこまれていたことが示されている。

この商業実践の中心的な担い手がY校の石原眞之助である。一九二五(大正十四)年実践科の主任となり、翌年には『模擬実践の理論及実際』を出版し、のちにY専教授も兼任した彼は、『七十周年記念誌』に「Y校における商業実践」(五八一六一頁)を書いている。とくにY専の充実に関連させていうと、一九三一(昭和六)

年七月に文部省主催の商業学校教員夏季講習会の開催にかかわっている。

大正年間の末には商業教育の実用化が問題となり、文部省は一九二九（昭和四）年頃から「商業実践」を重視するようになっている。このようななかで、一九三〇年には府立一商、Y校とならんで商業実践の教育で有名であった名古屋高商（現在の名古屋大学経済学部の前身）でこの講習会が開催され、翌年にY専で、さらにつぎの年には高松高商（現在の香川大学経済学部の前身）で開催されている。

この講習会の開催には、石原のほかに当時の校長事務取扱・武田英一によるところも大きかった。すでに引用した『七十周年記念誌』で、武田は科目としての「商業実践」が全国的にみても形骸《けいがい》化し、これを教える商業学校や高商が少なくなっていたことを危惧し、講習会の開催を文部省に要請し、賛同を得ている。文部省主催の講習会を、豊富な予算をもつ横浜高商に先んじて開催できたことは、同高商に対してライバル心をもっていた武田には得意であったようで、「いささか溜飲の下がる感じがしないでもなかった」（五六頁）と述べている。

以上のように、Y専は全国的にみても有数のY校を母体にして、それに依存するかたちでスタートするが、前田校長のもと、すぐれた教員スタッフの整備によって短期間のうちに充実していく。『六十年史』には、Y専卒業後、大阪商科大学に進学した多田顕（一九三七（昭和十二）年卒業、八期）の「Y専時代を顧みて」が収録されている。「今日、Y専時代を回顧すれば、大学に劣らない学問的雰囲気にあふれたよい学校であったと、第一に想うのである」。そして「教官の講義も程度が高く、大阪商大入学後のものと変わりがなかった。Y専の学問的水準の高さは誇ってもよいであろう」（一〇一－一〇二頁）。

6．「アメリカ研究」で成果をあげたY専

気鋭の教員スタッフの充実によりY専は短期間のうちに発展を遂げ、研究成果をあげていく。設立から三年後の一九三一（昭和六）年には『研究論集』（第一集）を創刊し、一九四四（昭和十九）年までに四十四集を出版している。さらに、併設された横浜経済研究所は『経済研究所月報』（以下、『月報』とする）を一九三三（昭和八）年十一月から翌三四（昭和九）年六月までに八号をだしている。この月報のあと『経済研究所時報』（以下、『時報』とする）に切りかえて、一九三四（昭和九）年十一月から一九四一（昭和十六）年二月まで通巻で九号から三十九号までを発刊している。

そのうちの二十四号（一九三七（昭和十二）年十二月）までには「アメリカ研究」という特集タイトルがつけられている。その後は三四（昭和九）年一月からスタートした「アメリカ重要経済日誌」だけとなり、一九四〇（昭和十五）年十月の三十八号までつづいて、三十九号で『時報』は中止となる。『時報』の復刊は一九四七（昭和二十二）年七月で、四十号は特集として再び「アメリカ」を組んでいるが、一九四九（昭和二十四）年九月の四十五号で終わり、横浜市立大学に変わるために、その後は『経済と貿易』（四十六号、四十七号、一九五〇（昭和五十）年二月）に改称している。

横浜市中央図書館は開館記念誌を『横浜の本と文化』のタイトルで一九九四（平成六）年に出版しているが、そのなかで筆者は「ビジネス教育と社会科学」（一六〇－一六五頁）と「海外経済事情の紹介、翻訳と横浜」（五

三八―五四三頁）を執筆した。本章の記述に関連する前者では、左右田喜一郎の貢献や横浜における四高商などの発展をまとめている。そして、とくにY専については早瀬利雄、小原敬士（のち一橋大学経済研究所長）、塩野谷九十九（のち名古屋高商・名古屋大学経済学部教授（学部長））などを中心にアメリカ研究を推進したことを明らかにした（一六五頁）。

Y専の充実にかかわる経済研究所は、すでに述べたように、横浜の貿易の発展に資するために設立されており、貿易関係が深かったアメリカ、中国などの海外諸国や国内の経済事情に関する調査や指導を行うことが目的とされていた。そして、この調査や指導の前提として、各種資料の収集作業を行い、その成果を刊行物として公表することになっており、『月報』や『時報』がその役割をになっていた。しかし、日米関係の悪化とそれにつづく開戦により、Y専が推進した「アメリカ研究」は終わりを告げることになる。つまり、時代の流れに抗することはできなかった。

ところで、二十四号まで「アメリカ研究」という特集タイトルがつけられているが、具体的にどのようなテーマの研究が行われていたのであろうか。総目録を点検してまとめると、以下のようになる。

まず、毎月発行されていた八号までの約一年半の月報をみると、小原敬士の五編が一番多い。彼は「合衆国農民とインフレーション」（一号）、「合衆国農業恐慌と農民の地位」（二号）、「合衆国農業における計画経済」（三号）、「アメリカ産業復興法下の産業と労働（一、二）」（六号、八号）を執筆している。

同じく五編を執筆したのは小山傳三で、「アメリカ外国貿易の現勢」（一号）、「一九三三年後半期における米国経済界概況」と「ルーズヴェルトかローズヴェルトか」（三号）、「ハーヴァード対コーネルの試合――米国通貨政策をめぐって――」（四号）、「新制弗貨を中心とする磅法為替」（六号）がテーマになっている。

四編は新関寛夫と塩野谷九十九である。新関は「アメリカ大統領の機能（一、二、三、四）」（五号、六号、七号、八号）を、塩野谷は「合衆国通貨政策の近況とそれをめぐる論争」（二号）、「一九三三年における合衆国資本の発行」（四号）、「合衆国商業銀行の経営的分析（一）」（五号）、「アメリカ経済動態の均衡理論的把握（一）」（七号）を発表している。

そして、三編は早瀬利雄の「アメリカ産業復興法の始原（一、二、三）」（四号、五号、七号）と、山口辰男の「アメリカにおける新興フィッシュ・ミール工業の発展（一、二）」（四号、五号）、「合衆国自動車生産の傾向と護謨工業への影響」（八号）である。

さらに、武藤正平の「アメリカ人口の趨勢」（八号）のほか、E・W・ケメラー著・横浜経済研究所訳『アメリカ貨幣政策批判』（森山書店、一九三四（昭和九）年六月）の紹介などがある。

これを見ると、一年足らずのうちにアメリカをテーマに二十五編が発表されている。アメリカとは別のテーマが荒木直と安彦孝次郎による二編にすぎないから、まさに「アメリカ研究」であった。

『月報』が改称されて『時報』になると、発行月は固定的でなくなり、発行数も一九三四（昭和九）年には一号（月報と合算すると七号）、三五（昭和十）年には五号、三六（昭和十一）年には五号、三七（昭和十二）年には四号、三八（昭和十三）年には四号、三九（昭和十四）年には五号、四〇（昭和十五）年には四号と、年間四、五冊の安定的な発行であるが、戦時下になると、日米開戦の年となる四一（昭和十六）年には一号のみが発行され、以後休刊となる。

「アメリカ研究」の名がついているものが、このうちの九号から二十四号までであり、九号に「改題発行に際して」を書いたのが早瀬である。彼は多作であり、「アメリカ資本主義と技術学的改造の問題（一、二、三、四、

五、六)」(十一号、十二号、十三号、十四号、十五号、十七号、十八号)、「現代アメリカ経済計画化の途(一、二、三、四)」(二十号、二十一号、二十二号、二十三号)、「経済計画化の理論と類型(一)」(二十四号)のほかに、「ローズヴェルト大統領再選の意義」(二十号)、「再選後におけるローズヴェルト政策の動向」(二十一号)なども執筆している。

早瀬とともに、小原の貢献も大きい。「アメリカにおける繁栄・利潤・賃金」(九号)、「アメリカにおける農産物価格統制政策」(十号)、「アメリカにおける農業政策の発展(一、二、三)」(十一号、十二号、十三号)、「アメリカ農業における農本主義」(十四号)、「アメリカ農産物と世界市場(一、二)」(十七号、十八号、十九号)、「今後のアメリカ景気」(二十一号)、「アメリカにおける企業集中とその統制(一、二、三)」(二十二号、二十三号、二十四号)など、多方面からアメリカの分析を行っている。なお、彼は当時『アメリカ統制経済論』を一元社から出版している。

早瀬と小原につづいて発表が多かったのが山口辰男、佐久間幸夫、塩野谷九十九、小山傳三である。山口は「合衆国工業地帯の南漸傾向と南部工業地帯の現勢」(九号)、「合衆国林業地帯の西漸と将来」(十号)、「合衆国工業のベストテン」(十一号)、「アメリカの技術的発展(一、二)」(十二号、十三号)、「アメリカ工業の立地」(十四号)、「アメリカ工業の構成とその技術的基礎」(十七号、十八号)、「アメリカ工業における構成変動」(十九号)など、アメリカ産業の立地などを検討している。そして、二十三号には「本邦工業技術発展における跛行性」を書いている。

そして、佐久間は「アメリカ綿業不振と商人根性の台頭」(十二号)、「「富の再分配」の意義」(十三号)、「アメリカにおける会社組合の現動向(一、二)」(十五号、十六号)、「アメリカにおける人口移動と生活程度(一、二)」(二十号、二十一号)をまとめている。

また、塩野谷は「ウォレン及びピアソンの金数量説――ローズヴェルト通貨政策の基礎理論」（九号）、「カリーの通貨統制論――合衆国一九三五年銀行法の基礎理論（一、二）」（十五号、十六号）、「ウィルスの中央銀行論（一）」（二十号）を書いている。

さらに、小山は「最近における日加貿易の展望」（九号）、「米国における広告に関する若干の問題」（十号）、「最近におけるアメリカ合衆国対外貿易の動向（一、二）」（十七号、十八号、十九号）をまとめている。

以上が主な執筆者である。ほかに新関寛夫の「米国会社法最近五十年の発達（一）」（二十四号）もあり、『月報』とあわせると八十編を超えている。アメリカ以外に関するものはほとんどなく、「アメリカ重要経済日誌」のほか、アメリカ関係の文献・資料の紹介も行われており、まさしく「アメリカ研究」の名にふさわしい成果を生みだしている。

「アメリカ研究」という特集は五年間で終了してしまう。その後の『時報』を見ると、アメリカ研究の位置は顕著に低下し、戦時に向かうなかでもアメリカ研究は継続するものの、とくに一九三九（昭和十四）年以降になると、戦時という時局を反映したものに大きく変わっていく。

波多野堯の「時局下産業界の将来（一、二）」（三十一号、三十二号）、荒木直の「米穀配給組織の革新」（三十二号）、「石炭対策要綱批判」（三十四号）、「満州特産専管制批判」（三十五号）、「商業新体制と商業組合」（三十八号）、「配給組織の改革と消費者組織」（三十九号）、山城章の「官公軍需品の調弁価格論と独逸の状態」（三十二号）、「物価統制とプール補償制」（三十五号）、「利潤統制と生産力増強」（三十七号）、小原の「エチオピア戦争以後のイタリー経済」（三十一号）、「事変下の近郊農業（一、二）」（三十三号、三十四号）、新関の「経済統制法による会社法の変更」（三十三号）などが、その具体例となる。

そして、中国問題については、塩野谷の「支那幣制改革と日支事変（一、二、三）」（二十五号、二十六号、二十七号）、前田校長と塩野谷による「満州北支を語る（座談会）」（二十八号、二十九号）、武藤正平の「支那の人口問題と対支経済建設（一、二）」（三十八号、三十九号）などがある。

しかし、アメリカ研究も少なくなったとはいえ、つづいている。代表的なものは、新関の「米国会社法最近五十年の発達（二、三）」（二十五号、二十六号）、田島四郎の「アメリカにおける会計制度統一運動の沿革（一、二）」（二十八号、二十九号、三十号）、武藤の「アメリカ経済史上におけるＮＲＡの位置」（二十七号）、塩野谷の「合衆国における支払準備制度の発達（一、二）」（三十号、三十一号）と「最近合衆国をめぐる金及び資本の国際的移動」（三十五号）、小山傳三の「アメリカ合衆国の軍需動員」（三十四号）である。

最後に、『月報』と『時報』の発行に大きな役割を果たした小原と早瀬の成果を見ると、時局対応のところでも述べた小原は、「横浜港における輸出貿易の動向」（三十号）、「最近のイギリス経済情勢」（三十六号）、「日米通商関係の変遷――特に一九二四年～一九三四年の時期について――」（三十七号）、「我国の産業発展と日米貿易」（三十八号）を書いている。そして、アメリカに直接にかかわるものとしては、「ニューディール恐慌と新インフレーション政策」（二十六号）がある。

これに対して、早瀬は「経済計画化の理論と類型（二）」（二十五号）のあと、いわゆる「技術論」の研究に向かっている。具体的には、「我国における技術論の近況」（二十七号）、「技術・技術学・技術史の課題（一、二、三）」（二十八号、二十九号、三十号、三十一号）、「『技術哲学』の文献について」（三十三号）を書いているが、「アメリカ研究」に関するものはなくなる。

いずれにせよ、Ｙ専は短期間ではあったがアメリカ研究に特化し、きわめて出色の成果をあげていたと評価することができる。しかし、戦時色が濃くなり、アメリカとの関係が悪化の一途をたどることになるから、アメリカ研究の継続自体はむずかしくなる。戦後に復刊した四十号（一九四七（昭和二十二）年四月）は、創刊時から五年間継続した「アメリカ研究」を特集テーマにとりあげている。それは、Y専のアメリカ研究へのかつての思いを再確認するものとなっていると考える。

7．戦時に向かうなかでのY専

一九三六（昭和十一）年の志願者数は前年の千名の大台の反動からか低下し、五百十四名に減少している。翌年は九百十四名に回復し、三八（昭和十三）年には千三名、三九（昭和十四）年には千百八名、そして、一学年の定員が百五十名から二百名に増えた四〇（昭和十五）年には、競争率は七倍を超えて、千四百五十名にまで増加している。

このようななかで、一九三八（昭和十三）年九月に前田の見識と市長や中村房次郎への説得により、念願の図書館が完成し、開館式を挙行していることが注目される。そして、残念なことは、応召された佐久間幸夫が戦死したことであり、『時報』二十七号（十月刊行）を佐久間の追悼号とするとともに、十二月には慰霊祭が行われている。内外の状況は確実に戦争に向かっており、Y専もその外にいることはできなかった。

この時期のY専に関する資料は少ない。そのなかで一九四〇（昭和十五）年三月に卒業した人びと（十一期）によって作成された〈資料11〉の『一期一会――卒業50周年記念文集――』（一九八九（平成元）年）は、昭和十年代前半のY専を知るうえで貴重である。かれらは一九三七年（昭和十二）四月の入学で、三年間をY専で過ごしている。〈資料12〉はその卒業写真であり、背後には、すでに述べた、松浦吉松の寄付によって建設されたY専の独立校舎が写っている。

この文集では、「学生時代の世相」（二八－三六頁）を当時の状況が書かれた書物から抜粋し、収録している。

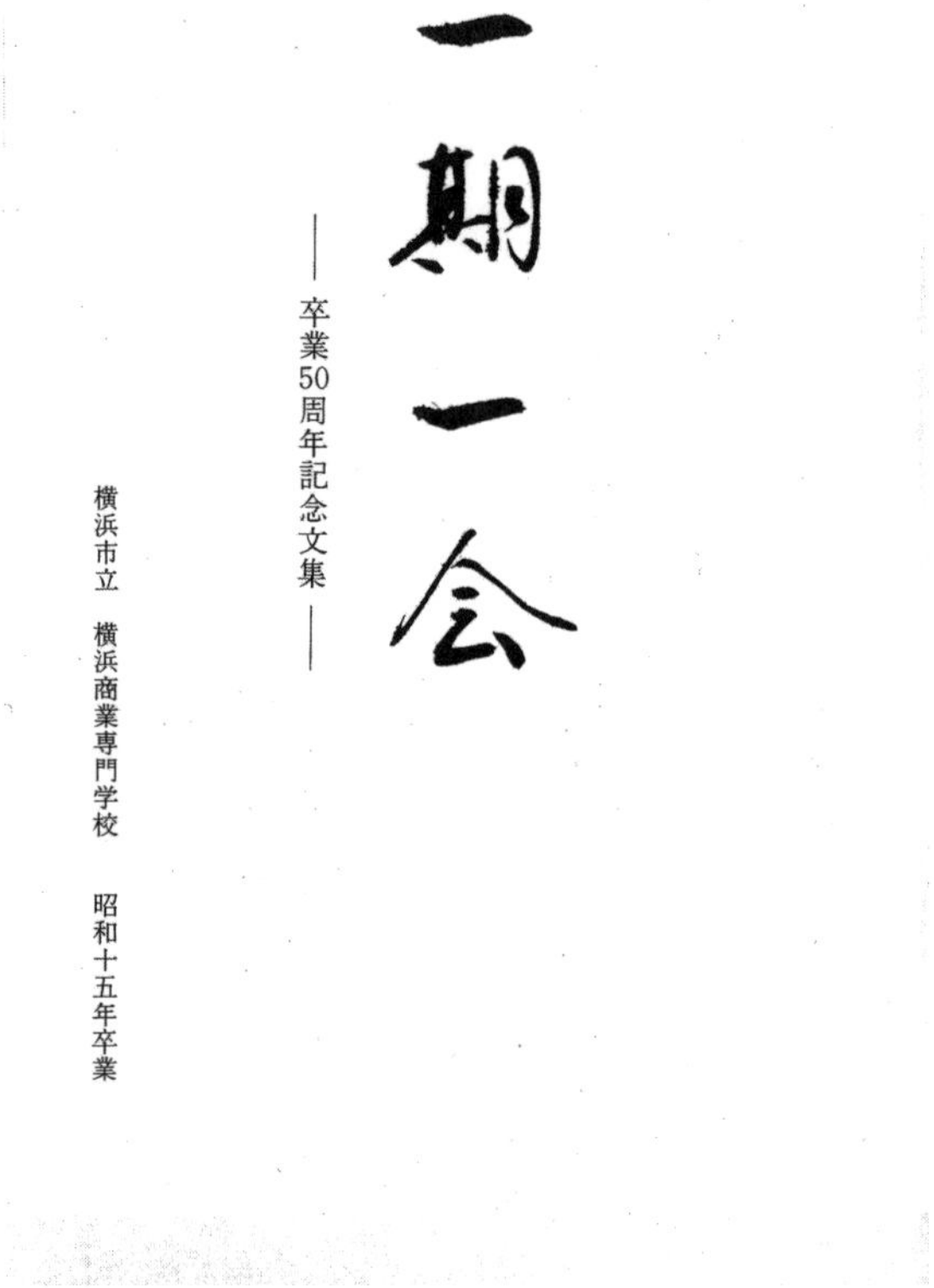
一期一会
――卒業50周年記念文集――
横浜市立　横浜商業専門学校　昭和十五年卒業

資料 11　横浜市立横浜商業専門学校昭和十五年卒業生『一期一会――卒業 50 周年記念文集――』1990 年

昭和15年3月　卒業記念写真

資料12　横濱市立横濱商業専門學校編『昭和十八年九月　卒業記念』（卒業記念アルバム）1943年

それによると、「「盧溝橋事件」による中国との戦争の本格化、全国各地で千人針や慰問袋盛ん、出兵のぼりや小旗の需要が増えて旗屋繁盛、洋画輸入制限始まる」（以上、一九三七（昭和十二）年）、「国民総動員法の成立、東大で国体講座新設、国際連盟脱退、乗用車の生産禁止、軍歌流行」（一九三八（昭和十三）年）、「国策会社設立盛ん、物価統制令、東京の大学における自治運動の弾圧強化、ぜいたくは敵、女性のモンペ着用の奨励」（一九三九（昭和十四）年）、「政党や労働組合の解散、大政翼賛会、隣組制度、出版統制の強化」（一九四〇（昭和十五）年）など、戦時に向かう状況を表現する言葉が多くみられる。

〈資料13〉は、一九三九（昭和十四）年当時の教員スタッフの一覧表である（〈資料12〉の一五頁）。既出の一九三五（昭和十）年（本書四〇－四一頁）と比較すると、主力となる教授、助教授陣には

教授及び講師

（＊印はゼミナール教授）

本表は三年の時の住所録による（梅北君所有）

役職	氏名	担当
校長	前田幸太郎	
教授	＊木村　元治	商業通論
〃	＊安彦孝次郎	法学通論
〃	石井　真峯	英　語
〃	光畑　愛太	英　語
〃	＊波多野　尭	経済原論
〃	＊安富　成中	仏語倫理学
〃	＊荒木　直	配給論
〃	＊小原　敬士	経済地理 世界経済
〃	小山　伝三	商業英語
〃	＊早瀬　利雄	社会学 交通論
〃	＊塩野谷九十九	銀行論 貨幣論
〃	＊新関　寛夫	商　法
〃	＊田島　四郎	会計学
〃	＊武藤　正平	独乙語世界史 統計学

役職	氏名	担当
教授	＊村松　早苗	商業通信文
〃	＊山城　章	経営学
（前教授）	工藤　進	民法独乙語
助教授	祇園　一	体　育
〃	山口　太郎	英　語
〃	山口　辰男	商品学
配属将校	岡田大佐	教　練
〃	（遠藤大佐）	〃
〃	（村田中佐）	〃
講師	青木兵之助	国語漢文
〃	坂田　道太	体　育
〃	宮沢　房吉	数　学
〃	黒沢浩太郎	英文タイプ
〃	宮久保武雄	書　道
〃	本田　清人	支那語
〃	山崎与右衛門	珠　算

役職	氏名	担当
講師	森　龍雄	佛蘭西語
〃	大場　実治	〃
〃	阿部　滋弘	工業通論
〃	水口音三郎	商品学
〃	石井　譲	保険論
〃	木戸　潔	
〃	林　信雄	民法
〃	ホセ・ムニヨス・ベニヤル・ヴェール	西班語
〃	エリック・S・ベル	英　語
〃	R.E.キャメロン	英　語
〃	W.B.メーソン	英　語
〃	G.H.コース	英　語
〃	宋　偵雲	支那語
〃	大和田金明	〃
〃	高橋　豊員	教　練
〃	笠原　恒治	教　練
校医	藤井　安雄	

資料 13　教授および講師の一覧（横浜市立横浜商業専門学校昭和十五年卒業生『一期一会――卒業 50 周年記念文集――』1990 年）

ゼミナール教授及びメンバー（卒業記念アルバムより）

・印は物故者

一、木村ゼミナール
（木村元治教授）
青山　静夫
下島　忠
羽鳥　亮一
相沢　亮一
尾園　克巳
椎野　保
塚野　一郎
上田尾　優
・大谷　憲一

二、波多野ゼミナール
（波多野　尭教授）
大宮　丈夫
橋詰　誠
原　良祐
岡野　賛平
新井　栄一
福井　善三
橋口　泰三
河合　弘之
中井益荒男
鈴木　孝
田中　一雄
内田　駿一
・辻　銈二

三、安彦ゼミナール
（安彦孝次郎教授）
島田　眞一
長谷部経雄
橋本　信義
松原　六郎
太田　範

四、安富ゼミナール
（安富成中教授）
谷下寅太郎

五、荒木ゼミナール
（荒木　直教授）
浅原（土屋）淳
木内　忠夫
末木　義久
吉田　美夫
長屋　憲修

六、塩野谷ゼミナール
（塩野谷九十九教授）
磯野　邦男
木村　博
奥村　一郎
中村　忠
山田　虎雄
浜岡　達也
・鈴木　茂
・大江　進
・塚本　庄一
・鍋島　清彦
・清水誠二郎
・花谷　正清
・渡辺　清
・山本　龍雄
・三奈木芳夫
・馬場　俊一
・根岸　健一
・佐々木豊一

七、小原ゼミナール
（小原敬士教授）
瀬川　義夫
石井　茂
牛木　国雄
杉本　一郎
中村　粲義
津田（森沢）悌三
杉坂　治郎
小林　実
町山　芳松
清水　豊
杉山　利一
岡田　忠夫
村松　淑博
・松永（田中）正雄
・吉浜　弘一
・岡本　勇
・吉田篤二郎
・鈴木総治郎

八、早瀬ゼミナール
（早瀬利雄教授）
瓜生　充
森谷　浩
千葉敬次郎
・草薙　正通

田島ゼミナール
（田島四郎教授）
梅北　義彦
高岡　利彦
丸山　八朗
畑中　健吉
佐藤　昌一
前田　正夫
福地　秀穂
・増田　幸市
・野村　健司
・太田　進
・光沢　孝平
・高木（吉岡）資郎
・矢尾板　康

十、新関ゼミナール
（新関寛夫教授）
斉藤　文夫
長田　良

十一、武藤ゼミナール
（武藤正平教授）
有岡　弘光
亀ヶ谷武夫
・中山　昇

十二、山城ゼミナール
（山城　章教授）
松崎　敏雄
有賀　利男
岩本　良夫
神定　俊雄
金子　義雄
・関口幸次郎

（註）
卒業記念アルバムを参照しながら作成したが、写真に入っていない方も可成りの数に上るので全員を確認できなかった。

資料14　横浜市立横浜商業専門学校昭和十五年卒業生『一期一会――卒業50周年記念文集――』1990年

あまり変化がない。教授では工藤進と宮崎力蔵が他へ転出し、山城章が新たに加わり、村松早苗が助教授から教授に昇任している。助教授には香川一郎に代わる祇園一（体育）と、山口太郎（英語）が就任している。これを見ると、教授陣の充実は依然としてつづいていた。

もっとも、小山傳三と佐久間幸夫などに対して予備役軍人の召集が行われるとともに、講演部の部長であった佐久間の戦死という残念な事態が生じている。したがって、佐久間の名前は一覧表には載っていない。

また、この時期のY専は演習（ゼミナール）制を採用しており、この文集中の〈資料14〉によると、12のゼミナールが開設されている（二一―二二頁）。

さて、この文集は「恩師の思い出」、「在学中の思い出」、「亡き友の思い出」、「卒業後の戦中記」、「随筆」などからなっており、ここでは教師の思い出を中心に当時のY専の状況を見ることにしたい。

文集の編集委員長を務めた山田虎雄は、『横浜市立大学六十年史』の「Y専卒業生の回顧」にも一文を寄せているが、「諸先生の思い出」（三九ー四三頁）と「思い出すままに」（一一五ー一一九頁）などを書いている。山田によると、日中戦争の勃発（一九三七（昭和十二）年）はあったものの、入学当時は表面的には比較的平穏であり、「銀ブラ」ならぬ「佐木《ザキ》ブラ」（伊勢佐木町）という言葉もあり、まだ学生生活をエンジョイできる状態であった。

思い出の教師として山田があげたのは、安富成中、早瀬利雄、塩野谷九十九、小原敬士などである。以下は、山田が述べたそれぞれのプロフィールをまとめたものである。

安富成中——倫理学と第二外国語のフランス語を担当し、文科系サークルの「講演部」を指導している。東京帝国大学哲学科を卒業後ソルボンヌ大学に留学し、帰国後、奈良女子高等師範（現在の奈良女子大学）などを経て、一九三二（昭和七）年からY専教授となる。一九四一（昭和十六）年に退職し、新潟県村上市の光済寺の第十四世住職となる。一九七三（昭和四十八）年、八十八歳で遷化する。宗教、哲学に関する遺稿は卓越しているが、遺筆の気品は一流の書家を凌ぐものである。

早瀬利雄——研究領域は広く、経済原論を担当していた時期もあるが、社会学、交通論、技術論を担当した。講演部の部誌『清陵文化』の部長佐久間への追悼号でも技術論を論じている。一九三八（昭和十三）

年夏に学生主体の全国高商文化聯合会《れんごうかい》を結成した際に、東京商科大学教授金子鷹之助が会長、早瀬は副会長になり、聯合会は大分高商、福島高商、巣鴨高商（現在の千葉商科大学の前身）など、全国的に活動を開始したが、弾圧をうけて頓挫してしまい、その直後に早瀬は小原敬士とともに寿町警察署に連行されている。彼は社交ダンスの名手で、「全国大学教授社交ダンス連盟」の会長であった。また、頭の毛の量が少なかった彼は、「アデランス」の名づけ親でもある。

塩野谷九十九——貨幣論などを担当していたが、ケインズの『一般理論』の翻訳中であり、学生はケインズ経済学をわが国で最初に体系的に教授されたことになる。山田は塩野谷のゼミ生で、同期の十八名でウォルター・リーフの『銀行論』の原書講読などの指導をうけている。塩野谷は一九四三（昭和十八）年二月に名古屋高商へ転出したが、一九六五（昭和四十）年の彼の還暦——当時、名古屋大学経済学部長——のときに、『塩野谷九十九博士還暦記念論文集〝経済成長と金融〟』が上梓されている。Y専時代の彼は文学青年でもあり、俳句にも造詣が深く、同好会の「若鮎会」の会長でもあった。

小原敬士——経済地理学や世界経済のオーソリティであり、前者については『経済地理学の基礎理論』という教科書を作成し、チューネンの農業立地論、ウェーバーの工業立地論、ゲオポリティーク（地政学）などを教えている。山田が卒業後に三菱石油に勤務しているが、そのときに、一橋大学教授時代の小原と三菱石油のクラブで囲碁をさしている。彼は囲碁が趣味であった。

石井眞峯——光畑愛太とともに英語を担当していたが、鎌倉市の光明寺の管長であり、英語でお経を説く師としても知られていた。語学部の部長であり、〝Life is what you make it. Bishop Shimpo Ishii Komyoji Kamakura〟（人生はあなたがつくるものです。大本山光明寺法主　石井眞峯）の色紙を語学部の学生に与えている。

以上は山田によるものであるが、この文集には他の教員のことも触れられている。「駆け足の人生点景」（一〇八－一一一頁）を寄せた中村粲義（静岡県出身）による教師の思い出は、小原敬士と山城章である。

小原は著作では学究としての自分の主張や立場を大切にしているが、講義ではそれとはちがう面があるので、それを使わず、自身のノートによっていたという。中村は卒業論文に産業革命史の翻訳を選択し、それは、十八世紀半ばにイギリスで蒸気機関、石炭、鉄道でスタートした産業革命が、イギリスからヨーロッパへ、さらにアメリカへと広がっていく過程をとり扱っている。卒業後、新潟鉄工所に勤務し、戦前戦後の産業構造の変化や栄枯盛衰を体験した中村にとって、卒業論文のテーマには因縁めいたものを感じているという。

また、山城章の「経営経済学」――現在の経営学――には感謝している。わが国では一九五五（昭和三十）年以降、事業部制組織が話題となり、中村の会社でも採用されることになって会議が重ねられたが、この講義をうけていたので、スムーズにこの問題にとり組むことができたと述べている。それ以外に、簿記や工業会計などの会計学も自分の仕事に役立ったことを認めている。

そして、「黄ばんだ写真」（六〇－六二頁）を書いた高岡利彦は、田島四郎の指導をうけている。卒業論文は「インフレーション会計」であり、貸借対照表学説や資本維持論などをていねいに指導された思い出を述べている。

これについては高岡は後日談も書いている。それによると、戦後のインフレーションが激しい時期に、彼が勤務していた企業が貨幣価値の下落に見合う金額を特定勘定に設定して留保した。資本維持論を知っていた彼からすると当然の処理であったが、国税庁の査察で「脱税事件」とされ、メディアをにぎわしたという。学説どおりに処理したが、日本の税制上はそのような扱いにはなっていないということで、涙を呑んだというのである。

ところで、学生にとっての教師は、授業の内容よりもちょっとした出来事などのほうが思い出として残っているものである。杉本一郎による「故石井眞峯先生及び小山傳三先生との不思議な再会」（四四－四五頁）を見ると、杉本の父は自分がＹ専に入学する以前に、石井が一九三二（昭和七）年に法然上人の生涯を書いた英文“A Short Life of Honen”の初版本を読んでいたことを明らかにし、のちにこの本を家宝にしていることを石井に伝えて、光明寺で再会を果たしている。そして、そのとき光明寺で久しぶりに再会した小山傳三については、自分の親類が小山の旧制中学の同級生であったことを述べている。

石井については、岡野賛平の「回想」（七九－八三頁）にも書かれている。Ｙ専校舎はわびしかったが、充実した熱気あふれる授業をうけて幸せであったという。石井は英国流の身のこなしで淡々とした口調で講義をし、とくに彼にとって記憶に残っているのは、教材であった『幻想を追う女』の訳文が、岩波文庫の翻訳よりも明解で理解しやすいものであったとし、敬服している。そして、同じ英語の光畑愛太の授業は、英語を英語で訳すものであり、質問がうまく聞き取れないので、“Once More”といったら、「もういっぺん言ってみい」と戒められ、“I beg your pardon”といいなさいと教えられたことを書いている。

また、梅北義彦の「回想」（一一二－一一四頁）には、田島四郎との深い師弟関係が示されている。梅北は虚弱であったために、入学したものの休学せざるをえなかった。復学後、生徒課担当の田島から「元気になったか」と声をかけられたことをきっかけに、田島の授業に身を入れ、指導をうけることになる。卒業後も田島との関係はつづき、師であるとともに、父のような存在であったといいきっている。そして、企業の会計畑を歩いた後、税理士になる運命のスタートは田島のはげましのひと声であったという。

この文集で田島は「卒業五十周年のお祝いに寄せて　Y専時代の私」の執筆を依頼されている。そのなかで彼が生徒課に配属され、生徒主事として東京商科大学の志願者の受験指導（とくに簿記）に専念したこと、卒業生のなかから優秀な税理士や会計士が多数輩出されたことを誇りにしていると述べている。要するに、Y専はビジネスの世界で活躍する人材を供給するだけでなく、「会計専門職」の養成でも大きな貢献を行ってきたのであり、この伝統は田島などによるところが大きかった。

なお、この文集を見ると、いい意味でゼミナールどうしの「競争意識」が一部でつくられはじめていることがわかる。前述の梅北は親しい友人としての「花谷正清君のこと」（五十四頁）のなかで、自分は田島ゼミ、花谷は塩野谷ゼミで、両ゼミナールの対抗意識・競争意識が強かったと書いている。当時、ゼミナールでは勉強以外の活動を行ってはいなかったが、田島ゼミ（田島会）が修善寺旅行をすると、塩野谷ゼミ（つくも会）でも鬼怒川旅行を負けじと行ったという。

一学年だけのこの文集では、残念ながら教員に関する情報に偏りがでてくる。しかも、多くの場合教員のことをゼミナールの代表者が執筆しているわけではないので、あまり話題にされていない教員もいる。とはいえ、総じていえば、牛木国雄による「履歴書風の回顧」（一〇七頁）のつぎの一文が、当時の多くの学生の教員に対する印象であったと思われる。

昭和十二年長野県立長野中学を卒業、Y専入学。入試の口頭試問官は波多野教授だった。学校の印象は校舎が余りに小さく、Y校専門部の感じであったが、若手教授が多く内容充実はさすが。〔中略〕三年の時木村教授より横浜正金銀行入社試験に行くよう奨められ合格。同時入行者は、清水、関口（共に故人）、木内の四名であった。ゼミは小原ゼミで卒論は長野県蚕糸業界に就いてであった。

さて、〈資料6〉で、設立時の体操、教練の担当として大友清治がY校と兼任とされているが、一九三五（昭和十）年の〈資料10〉では、講師の坂田道夫の体操とは別に、教練担当の配属将校として遠藤舒（陸軍歩兵中佐）と、講師・笠原恒治（陸軍歩兵少尉）の名がある。そして、この文集にも三名の配属将校がリストアップされている。将校の人柄はよかったというが、戦時色が強まるなかで、毎週の教練や滝原、板妻という地での演習訓練は強化されていく。

一九三九（昭和十四）年の夏になると、文部省と陸軍省の提案により、学生の勤労奉仕隊である「興亜青年勤労報国隊」が全国の高等教育機関を対象に結成されている。これは翌年も行われるが、このときはY専から光畑愛太を引率教員に、五名の学生が参加している。

これに参加した早瀬ゼミナールの瓜生充の「思い出の満州」（五〇―五一頁）には、このときのなまなましい体験がしるされている。国内での一週間の訓練のあと中国に渡り、軍の実弾演習場の構築などの奉仕を行っている。そして、国内に戻ってきたときには、心底安心したと書いている。

その後、戦時に向かう動きは、思想の弾圧がきびしくなることで国内でも実感することになる。山田虎雄は既出の「思い出すままに」と『六十年史』の「学生時代のY専」（一〇二―一〇三頁）で、戦死した師の佐久間幸夫を追悼して、講演部の『清陵文化』という部誌を発行したと述べている。そこには安富成中の「所感」、早瀬利雄の「技術学の将来的課題」のほか、部員（卒業生を含む。そのなかには大野精三郎（のち一橋大学教授）がいる）の論文が収録されている。

講演部はこれ以外にも熱心に活動を展開し、たとえば、官立横浜高等工業学校と四高商による、横浜五専門学校の年一回の研究発表会を開催していた。しかし、これも特高のきびしい思想弾圧をうけ、加賀町警察署の刑事に尾行されたり、講演原稿をチェックされたりしている。

また、後年検挙された東京帝国大学教授大森義太郎や、法政大学教授美濃部亮吉（のちに戦後東京都知事になる）などの有名教授を名士講演会の講師にして多くの聴衆を集めたが、事前の警察署への届出を強制されるようになる。

このようにして、時局は確実に戦時へ進んでいく。『一期一会』の文集には、卒業後戦争に〝ほんろう〟させられた苦しい思い出が多く書かれている。それは、『時報』で教員たちが特集に「アメリカ研究」を組めなくなるだけでなく、それ自体が休刊に追い込まれていくことと符合している。そして、最終の局面は、のちの10．で述べるY専、Y校の存続自体がむずかしくなることであった。

8.「学問の自由」への圧力と一部教員の検挙

戦時体制に進むなかで、「学問の自由」は大きく制約をうけるとともに、Y専のなかでも二名の教員が治安維持法違反を理由に検挙されるという事態が発生している。二名とは早瀬利雄と小原敬士で、Y専の若き学徒であり、きわめてアクティブに研究活動を行っていた。いずれも東京商科大学の出身で、早瀬は一九三〇(昭和五)年、小原はその前年にY専に着任している。

〈資料15〉が表紙となる『Y専の沿革と回顧』は、早瀬がとりまとめて作成したが、その構成は「第一部　Y専の沿革概要」と「第二部　Y専教員の回顧」からなっている。第二部では以下の七名が執筆している。

1. Y専二十三年の思い出　前田幸太郎
2. Y専と私　早瀬利雄
3. Y専生活十七年の回顧　田島四郎
4. 戦争前夜　安彦孝次郎
5. Y校よりY専へ　相原良一
6. 学徒兵　山田長夫
7. 過ぎにし美しき日々　小原敬士

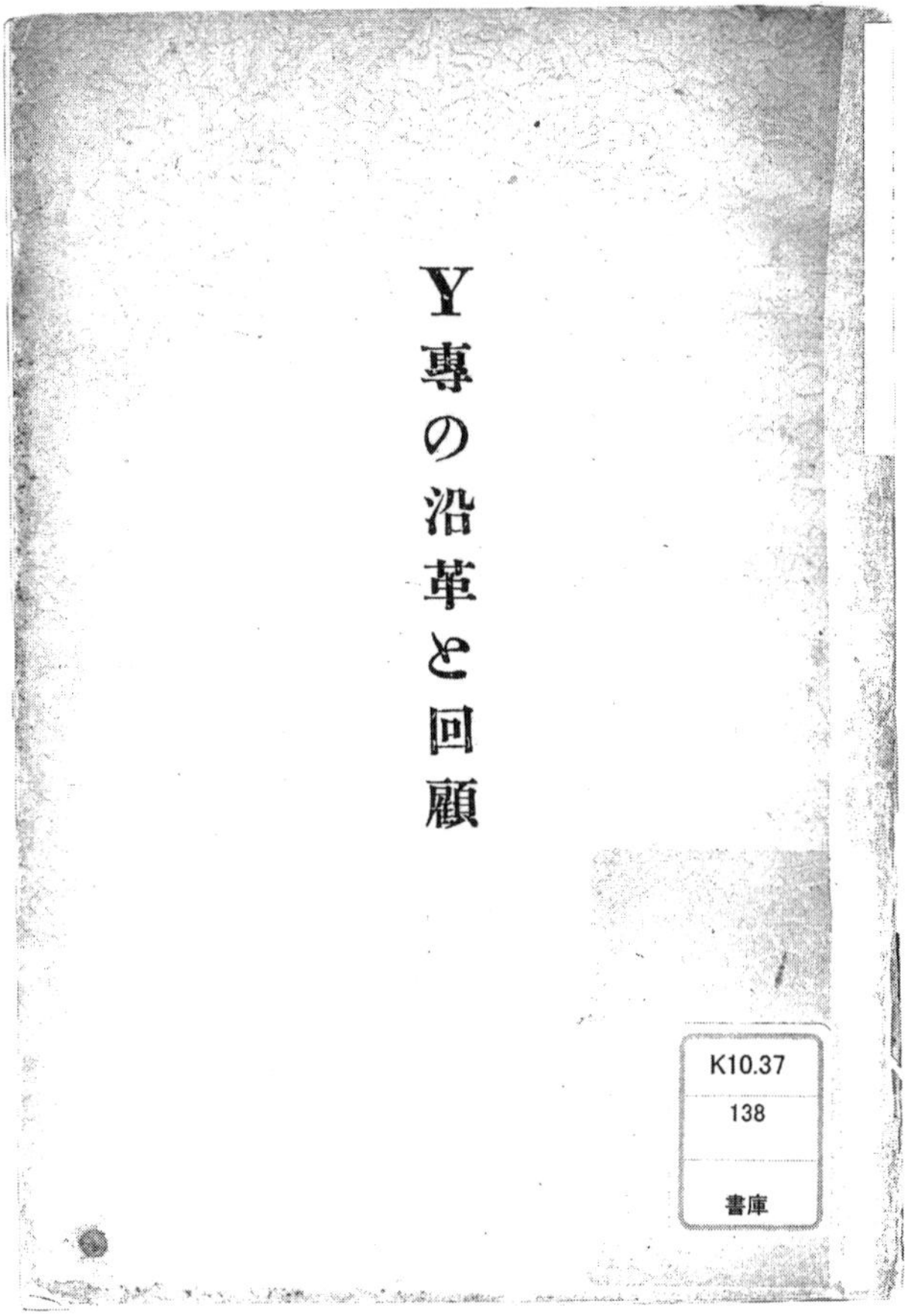

資料15　『Y専の沿革と回顧』1951年

全七十八頁のこの小さな著書のなかで、早瀬と小原は検挙問題をどのように回顧しているのであろうか。ふたりの記述は対照的である。「過ぎにし美しき日々（アルテン・グーテン・ターゲ）」とY専生活を称した小原は、武田英一、前田幸太郎のもと、Y専の充実は教員の採用や経済研究所の設立などによってはかられたとしている。そして、教員は「みんなよく勉強した」（七三頁）、また「学生諸君もよく勉強した。各教授のゼミナール指導も熱心だったし、学生の間には金融研究会、会計学研究会、社会科学研究会などの研究会活動も盛んだった。われわれは殆んど毎日出勤大抵夕方まで学校ですごした」（七四頁）と述べている。

要するに、Y専はよき学校であり、高き学問的雰囲気と先輩・友人の厚き友情のなかで学問的成長をとげることができたとしている。しかし、「その楽しい思い出はそこでふっつりと切れる。というのは昭和十五〔一九四〇〕年十月以降、私は思想上の科によって学校を去らなければならなかったからである。Y専における若き日の十年あまり、ひたすら研究と教育とにそそいだ私のささやかな努力は根底から否定され、そして、私は世の風塵の中に追いやられたのである。その後の学校のことは実に殆んど知らない」（七七頁）。

ここには、彼にとって尊い学校を去らなければならなかった無念な心情が溢れている。そして、どうしようもない悲しみが示されている。しかし、小原が語ったのは、これだけの短い文章である。

それに対して、早瀬の回想はどのようになっているのであろうか。彼も小原と同じようにY専の短期間の充実ぶりを述べている。そして、Y専を学界においても不動の地位を確立するようになったのは、校長・前田幸太郎の「思想的立場の如何を問わず学問的研究を進めよ」（二二頁）という指導方針によるものであったとしている。要するに、Y専は商業学的研究を中心にしていたが、経済学的研究や社会学的研究をも重視して成果をあげており、それには、前田のこのリベラルなアカデミズムがあったという。

『六十年史』（七一頁）で平智之が引用しているように、また全国的に見てもそうであったが、一九三一（昭和六）年頃からY専でも学生間にマルクス主義の研究が盛んになっている。しかし、これに対して教師側はマルクス主義の検討と批判については未熟であり、学生の指導に不十分なところがあった。そこで、学生に対する指導力をつけるために、教師側でもマルクス主義の研究が行われている。具体的には、波多野堯を中心に教授間でマルクスの『資本論』の読書会が実施されていた。もっとも、「Y専の学生は一般的におとなしく学生左翼運動でしくじった者は殆んどなかったように思う」（三一頁）と早瀬はいう。

そして、彼が献身的に貢献した経済研究所については、「実際当時は教授仲間の気がよくそろったものである。一寸他の大学や専門学校ではみられないであろうと思われるほど皆献身的に協同協力したものである」（二三頁）と述べている。つまり、Y専にはすぐれた〝アカデミック・サークル〟ができあがっていたのである。具体的な成果として6．で検討した「アメリカ研究」は、「我国学界におけるY専の特異性ある存在の地位を獲得するのに与って力があったということは、自負的な見解でなく一般の認容するところであった」（二四頁）としている。

早瀬はさらに、彼自身が支援した学生の文化活動も盛んで、とくに「Y専時報」を発行していた「新聞部」、「購買部」、「映画研究会」、「学術部」、「文芸部」などを中心に活動が活発に展開されていたとし、「昭和七、八年頃から十二、十三年ころまでの学生文化活動は我が国の全専門学校の中で正しく他の追従を許さぬ随一のものであった」（二五頁）と評価している。

しかしながら、一九三九（昭和十四）年前後から戦時体制への移行が進み、学界や思想界にはきびしい弾圧のプレッシャーが加わることになった。「昭和十五年、私と小原教授は反戦左翼主義者の名で検挙され一年有余の間未決監に呻吟するの苦難に遭遇した。昭和八、九年頃までの執筆論文の内容が主として問題にされた。検事は昭和十年以降に発表した論文は差し支えないが、それ以前のマルクス引用の多い論文は治安維持法にふれるという解釈であった。〔中略〕私たちの反問にもかかわらず、どこがどう悪いという事については一言も答えてくれなかった。学問のことは判らぬ、マルクスがいけないのだということらしかった」（二五頁）という。

それは、完全に「問答無用の世界」であった。早瀬はつづけていう。「マルクス研究は私たちにとっては社会科学研究上の一里塚のようなものであった。学問の道は遠きにあり、カント、ヘーゲル、ジンメル、マルクス、ウエーバー等多くの里程標を超えて進んできたあとをふりかえってみると、社会学者としては一度は通らなければならぬ道を通ってきたものだと思う。私の学問歴程もY専の成長と共に幾度か脱皮を遂げたと信じている」（二五―二六頁）。

この発言は、まさにもっとものことであった。しかし、それが許されない時代になっていた。ともあれ、早瀬はこのように詳細に説明している。そして、「私がこうして戦時中Y専を離れていた間に、勤労作業と学徒出陣の時代がきた。Y専教授学生ともに学問研究から次第に離れざるを得なかった有様は外部からうかがい知っていた」（二七頁）と、小原とはちがった反応を示している。

ところで、検挙に際してどのようなことが理由にされていたのであろうか。明石博隆・松浦想三編『昭和特高弾圧史1』（大平出版社、一九七五（昭和五十）年）は、特高警察自身の記録――いわゆる「ナマ原稿」といわれるもの――をまとめた資料集である。昭和十五（一九四〇）年十月分として「唯物論研究会員早瀬利雄の運動状況」（二八六―二八八頁）、同十二月分として「唯物論研究会員小原敬士の運動状況」（二九四―二九七頁）が収録されている。
早瀬は同年の一月二十四日、小原は十一月六日に検挙されているが、両者ともほぼ同じ形式で記録がつくられており、小原の冒頭部分は以下のように書かれている（二九四―二九五頁）。

神奈川県当局にありては本年十一月六日唯物論研究会員横浜商業専門学校教授小原敬士を検挙し鋭意取調中なるが、同人は先に検挙せる同校教授早瀬利雄（十月分月報参照）と連絡呼応して、昭和七年以来唯物論研究会活動と相併行し教授たるの地位に隠れて自己の奉職せる横浜商業専門学校学生大衆の左翼化を企画し、専ら合法場面を利用して広範なる学内運動を展開しマルクス主義の宣伝啓蒙に専念し来れるものにして、之が一般社会特に学生に与えたる思想的影響は相当深刻なるものあり。然るに昭和十三年二月労農派教授グループの検挙並びに唯物論研究会の解散あるや検挙の危険を痛感し、表面時局順応を擬装して客観状勢の推移を静観しつつありたるものなり。

これを前文にして、主に唯物論研究会との関係とY専での学内活動に分けて、両教授の非を明らかにしようとしている。のちに唯物論研究会について述べるとして、後者のY専の学内活動については、ゼミナール、担当講義、支援した学生の文科系サークル活動などで学生の左翼化を企画したというのである。その根拠とされたのは、ゼミナールや講義で使用した教材であった。主に外国文献や両教授の著書などであったが、早瀬については、社会学概論では自著の『現代社会学批判』のほか、清水幾太郎著『社会学批判序説』を、また財政学では河上肇著『経済学原論』などを使用していたと書かれている。

また、学生の文化団体で、早瀬については彼が支援した講演部、文芸部、映画芸術研究会とのかかわりあい、小原については満州事変によって国際連盟から脱退した後の国際問題への理解を深めるために結成された「国際協会横浜商業専門学校支部」の活動で指導的な役割を果たしたことや、昭和十一（一九三六）年に明治大学教授三島一などによって結成された「歴史学研究会」にかかわったことが述べられている。

そして、非のもう一つは、唯物論研究会との関係にあった。両教授の非が唯物論研究会の会員であったことに起因しているとされる。明石・松浦の前述書には、昭和十三（一九三八）年十一月分の「唯物論研究会中心分子の検挙」（二〇一―二〇五頁）が収録されている。これによると、唯物論研究会は昭和七（一九三二）年六月、岡邦雄、戸坂潤、三枝博音、永田広志、本田謙三、服部之総など、当時直接もしくは間接的に日本共産党と関連をもつ共産主義者が中心となって設立準備が行われたという。

同年九月に羽仁五郎、大塚金之助などのマルクス主義者や急進自由主義者四十名が発起人となり、百五十名の賛同者を得て、同年十月に発会式をあげている。研究会の目的は「現実的諸課題より遊離することなく、自然科学、社会科学及び哲学に於ける唯物論を研究し且啓蒙に資すること」であり、それ以降、研究活動と啓蒙活動を展開していた。

そして、特高の記録は中心分子の検挙について、「創立過程及び其の後に於ける裏面的事情並びに実際活動等を詳細に検討したる結果本会はマルキシズムに拠って立つ唯物弁証法を採り、我国体の変革、私有財産制度の廃絶を歴史的必然なりとの前提の下に〔中略〕マルクス主義を宣伝し、以て日本共産党の目的遂行に資せんとする党の外郭団体たること明瞭となりたるが、さらに本年〔一九三八年〕二月時局の重圧に依り擬装的解散を為したる後、中心分子は秘かに裏面に於て秘密グループを形成して研究会を開催し、或は又労働者学生等の左翼グループの指導に当たる等益々非合法的傾向をしめしつつありて銃後の治安維持上一日も放任し得ざる実情に立ち至れるを以て、本月〔十一月〕二十九日午前七時を期し、警視庁を中心に大阪、千葉の両府県に於て、其の中心分子三十五名を検挙し目下厳重取調中なり」（二〇一頁）としている。特高のこのナマ原稿を見ると、のちに横浜市立大学の学長となる三枝博音が同会の主要メンバーのひとりであることがわかるが、早瀬と小原も創立時からのメンバーであったことが検挙の理由とされている。

さて、検挙後について、「過ぎにし美しき日々」の小原は、すでに述べたように、なにも語っていない。それに対して、早瀬は日米開戦後に最終回の法廷があり、判決をうけたことを明らかにしている。証人として親友の社会学者清水幾太郎、恩師の東京商科大学学長高瀬荘太郎、Y専の校長前田幸太郎などを申請したが、認められたのは前田ただひとりのみであった。早瀬は短時間で終わった検事論告の簡単さにあぜんとしたが、もはやなにも発言しまいと口をとざしてしまう。しかし、ここで前田は裁判長を相手に論争を展開している。

早瀬はいう。「裁判長の態度はすでに軍部の圧力を十分に表現していたのだが、前田校長は彼に向かって学問の本質を論じ、マルクスを知らずしてマルクスを批判することの意味なきことを主張された。早瀬は社会学者である。彼の社会学理論の体系の中に諸成果を取り入れることは当然のことであって、唯物論を研究することは何故わるいのか。学者が政治的宣伝や実践運動のためにするのでなく、学者として学問研究を高めるために、唯心論といわず唯物論といわず研究をなさねば一体どうして学生を指導することができるかというが前田校長の論法であった。あの時、声を大にして裁判長を叱咤している姿を私は今でも忘れることができないのである」（二六―二七頁）。ここでも、前田は毅然とした態度で「学問の自由」を守るべく発言している。

しかし、戦争終了前に両教授は自由の身とならず、Y専に戻ることはできなかった。なお、ふたりのY専への復帰については、のちの18．でとり扱う。

このような教員へのプレッシャーは全国的に行われているが、横浜市内の他の専門学校でも見られている。たとえば、高村直助、上山和雄、小国秀雄、大豆生田稔による『神奈川県の百年』（一九八四（昭和五十九）年、山川出版社、二四三頁）を見ると、Y専の二教授の検挙とほぼ同じ時期にあたる一九四〇（昭和十五）年一月、国民精神総動員の精神に反したということで、横浜専門学校の教授が警察に取り調べられ、九月に起訴されている。そして、同年十一月に別の教授が召喚される事態になっている。高村らはこの事件をいわゆる「横浜事件」の前ぶれとしている。さらに、翌一九四一（昭和十六）年二月には、学校を国家に報いるための心身一体の修練施設にしようとする国の方針により、横浜専門学校報国団が結成され、学内の学生組織はこれに再編成されていく。

この報国団による再編成は、当然のことながら、Y専でも行われる。それについては、このあとの9．で述べることにする。

9.『横浜商業専門学校一覧（昭和十八年三月）』にみる当時のY専

昭和十八（一九四三）年三月の『横浜商業専門学校一覧』（以下、『一覧』とする）（〈資料16〉は表紙）によると、日米開戦となる一九四一（昭和十六）年の入学志願者は九百七十六名、そして、翌年は六百二十四名に減少している。この年には、校長の前田は約十年間つづけたY校校長の兼任を解かれ、Y専だけの校長となる。なお、Y校の後任はY専の筆頭教授であった木村元治がひき継ぎ、彼が一九四四（昭和十九）年三月に退職したのちは、やはりY専教授の荒木直が一九四七（昭和二十二）年七月まで続けている。

この年の九月、横浜市はY校とY専両校のあり方を検討してもらうための諮問機関として、商議員制度を設けている。具体的には、以下の五名が就任している（二七頁。末尾の（　）内は筆者が追加した）。

有吉忠一　横浜商工会議所会頭、貴族院議員（元横浜市長）
青木周三　前横浜市長、貴族院議員
中村房次郎　社団法人進交会理事長、松尾鉱業株式会社社長（Y校一期）
磯部庸幸　横浜貿易協会副会頭、社団法人進交会常務理事、貴族院議員（Y校十二期）
加藤郁二　神奈川県水産会会長、社団法人進交会理事（Y校十一期）

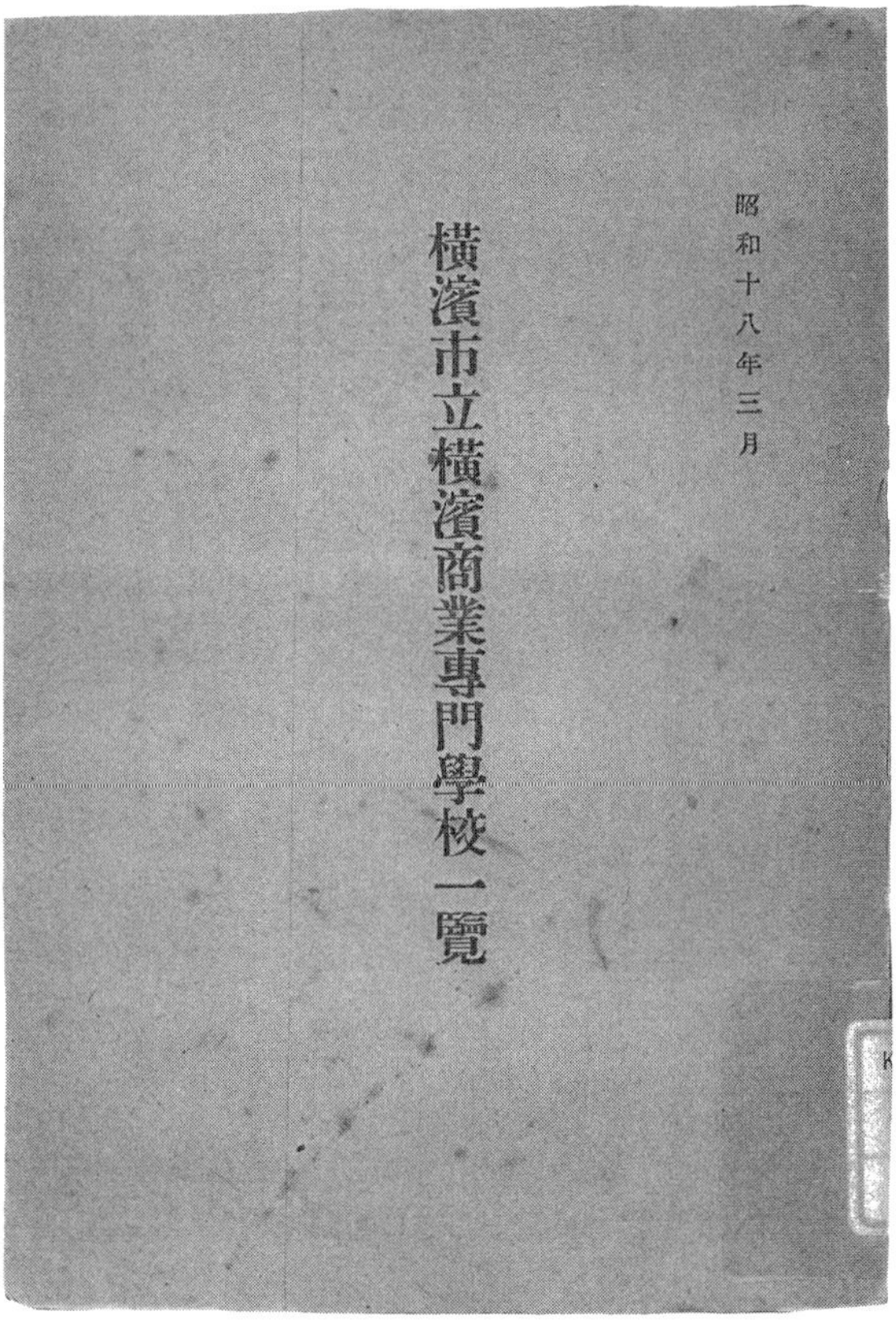

資料 16　横浜市立横浜商業専門学校編『横浜市立横浜商業専門学校一覧　昭和十八年度』1943 年

これによると、メンバーは横浜市長経験者とY校の卒業生である。すでに述べたが、市長在任中の有吉はY専の設立、そして、青木は図書館の建設にかかわっており、Y専との関係は深かった。また、三名の卒業生は、いうまでもないが、Y校を代表するビジネスパーソンであった。

一九四一（昭和十六）年には、このほかに九月に生徒集会所と食堂が完成し、使用がはじまっている。そして、十月に文部省はこの前年度の卒業生の修業年限を三ヵ月短縮すること、十一月には次年度の卒業生については六ヵ月短縮することを命じている。さらに、十二月八日には「米英ニ対スル宣戦ノ大詔」（一一八頁）が発せられている。

修業年限の三ヵ月短縮の命をうけて、Y専は年も迫った十二月二十七日に卒業式を挙行している。この時の卒業生のひとりが、すでに述べた崎陽軒の野並豊（Y専十三期）である。野並の同期には、筆者が横浜市大在職中に知己を得た伊藤喜公邦（旧・三浦信用金庫の理事長）や高岡幸彦（進交会役員）がいる（一七六－一七七頁）。このように、この年には三月のほか十二月にも卒業式が行われている。

翌一九四二（昭和十七）年三月には「学校勤労報国隊協力令」が国から発動され、三月末までの十日間にわたった第一回の勤労作業を横須賀海軍建築部で実施している。四月には入学式とともに、新たに「南方経済講習会」（六日間）が開講されている。同月の十八日午後十二時すぎに、学校の上空に敵機がはじめてあらわれ、被害はなかったものの、学内は緊迫感につつまれている。

さらに、九月になると、六ヵ月繰りあげの卒業式が行われている。卒業生にはのちに横浜市立大学商学部教授となる柳下勇（Y専十四期）の名前が見られる（一七八頁）。そして、十一月には、Y校創立六十周年記念祝賀会が六百名を集めて開催されている。

Y校は一九一二（明治四十五）年に三十周年、一九二二（大正十一）年に四十周年、一九三二（昭和七）年に五十周年の記念祝賀会を行っており、戦時に入っていたが、記念のイベントをつづけている。

さて、この『一覧』の横浜商業専門学校規則の第一条を見ると、「商業ニ必要ナル高等ノ学術技芸ヲ授ケ、人格ヲ陶治シ国体観念ヲ養成スルヲ以テ目的トス」（三〇頁）とされている。創立当初のものとのちがいは、外国貿易という言葉がなくなり、商業の教授とともに、時勢を反映した国体観念の養成が重視されている。

〈資料17〉は教員組織であり、校長以下教授十五名、助教授五名、講師二十名、配属将校一名で構成されている。一九三五（昭和十）年の『一覧』〈資料8〉からひきつづき教授のポストにいるのは、安彦孝次郎、光畑愛太、波多野堯、荒木直、小山傳三、新関寛夫、田島四郎、武藤正平の八名、『一期一会』（一九三九（昭和十四）年）からでは山城章と、助教授から昇任した山口太郎（英語、ゼミナール）である（七五―七六頁）。

また、それ以降に加わった教授は渡植彦太郎（修身、ゼミナール）、山田長夫（日本産業論、ドイツ語、植民論、ゼミナール）、定方鷲男（商業簿記、ゼミナール）、小木曽公（日本史、ゼミナール）、前田新太郎（財政学、統計学、ゼミナール）の五名であり、教授のうち約三分の一がいれ替わっている。ただし、渡植は短期間の在職になっている。

すでに述べたが、早瀬利雄や小原敬士は拘束中の身であり、工藤進は元教授になり、石井真峯も退職して講師になっている。村松早苗は『一期一会』のときには教授に昇進していたが、このリストにはない。また、木村元治はY校の専任校長であるため、Y専では講師のポストに変わっている。さらに、塩野谷九十九は、すでに述べたが、名古屋高商に移ったので、講師の身分になっている。

助教授については、いれ替わりがあるなかで、小林武麿（スペイン語）が継続しており、新たに油原貞一（体

職名	擔當科目	横濱經濟研究所	報國團役員	校務分擔		氏名	本籍
校長		所長	團長		商學士	前田幸太郎	京都
教授	修身 日本經濟史 演習	所員	訓練部長 滑空班長 講演班長		商學士	安彦孝次郎	山形
教授	英語 演習	所員	國防部長 滑翔班長	教務課長		光畑愛太	神奈川
教授	經濟原論 經濟政策 演習	總務部長 編輯部長	硬式庭球班長 美術班長		商學士	波多野鼎	愛知
教授	商業概論 配給組織 演習	事業部長	生活部長	庶務課長 就職委員	商學士	荒木直	神奈川
教授		會計部長		（出征中）	ペンシルベニア大學	小山[illegible]三	愛知
教授	修身 演習	所員	總務部長 水泳班長	生徒課長	商學士	渡植彦太郎	東京
教授	法學通論 憲法 商法 演習	庶務部長	弓道班長		法學士	新開寛夫	山形
教授	工業簿記 原價計算 會計學 演習	所員	錬成部長 貯金班長	生徒課	商學士	田島四郎	東京
教授	經濟史 獨逸語 演習	所員	時報班長 ホッケー班長	圖書課長	法學士	武藤正平	東京
教授	經營學 交通論 工業經營學 演習	所員	排球班長 配給班長		商學士	山城章	鳥取
教授	日本產業論 植民論 演習 獨逸語	所員	劍道班長	圖書課	商學士	山田長夫	愛知
教授	英語 演習	所員	文化部長 文藝班長	圖書課	文學士	山口太郎	愛知
教授	商業簿記 演習	所員	山岳班長	庶務課 就職委員	商學士	定方鷲男	群馬
教授	日本歷史 經濟地理 演習	所員	軟式庭球班長		文學士	小木曾公	愛知
教授	財政學 統計學 演習	所員	籠球班長	圖書課	商學士	前田新太郎	愛知
助教授	西班牙語					小林武麿	東京
助教授	體操		陸上競技班長 海洋班長	生徒課		油原貞一	神奈川
助教授	支那語 演習	所員	グライダー班長 航空班長 自動車班長	教務課		田仲益見	福島
助教授	商業數學 商業作文	所員		生徒課		一色忠夫	大分
助教授	英語	所員	卓球班長	教務課	文學士	松本淳	大阪
講師	支那語 演習	所員		教務課		岡林弘一	兵庫
講師	英語				ワシントン大學	石井眞峯	静岡
講師	金融論 國際金融論 演習	資料部長	籠球班長 校內厚生班長		商學士	鹽野谷九十九	愛知
講師	教練		射擊班長 馬術班長 銃劍道班長	教練科	陸軍中尉	笠原恒治	東京
講師	支那語					本田洗人	熊本
講師	民法					林信雄	兵庫
講師	英語					丸山覺	長野
講師	保險學 經濟政策				商學士	髙瀨興宗	東京
講師	佛蘭西語				文學士	大塚實治	東京
講師	英語					村丸藤一	東京
講師	東亞經濟論 東亞貿易論				商學士	坂根哲夫	山口
講師	英語				商學士	多田顯	宮城
講師	工業大意				理學博士	木戸睿	京都
講師	商品學				理學士	今井行雄	長野
講師	珠算					山崎與右衞門	三重
講師	佛蘭西語				商學士	森龍雄	東京
講師	商業學	次長			商學士	木村元治	東京
講師	高等數學					宮澤為吉	新潟
講師	國語 漢文					石井一作	神奈川
講師	英語				文學士	井出常雄	山梨

資料 17　横浜市立横浜商業専門学校の教員（横浜市立横浜商業専門学校横浜市立横浜商業専門学校編『横浜市立横浜商業専門学校一覧　昭和十八年度』1943 年）

操）、田仲益見（中国語、ゼミナール）、一色忠夫（商業数学、商業作文）、松本淳（英語）が加わっている。そして、講師は笠原恒治（教練）がひきつづき勤務している（七六－七八頁）。〈資料18〉は、のちに述べる『望雲』にも収録された、一九四四（昭和十九）年の卒業アルバムに掲載された教職員の写真である。

つぎに、教員組織に関連して、〈資料19〉のカリキュラムを見ていこう。創立から十五年がたっているが、基本は変わっていない。しかし、変化はある。その第一は、科目が普通学科目と専門学科目に大きく分類されていることである。前者には「修身、体操、教練、国学及漢文、数学、工業概論、英語、中国語、第二外国語」があり、後者には「法律学、経済学、商業学、演習」が位置づけられている。

こまかく見ると、普通学科目の「体操」と「教練」が別のものになるとともに、教練の時間数が時局を反映して増加している。つぎに、創立時の「習字及作文」はなくなり、「商業作文」は専門学科目の商業学のなかの「商業文」に変わり、「数学」もなくなっている。もう一つの「商品及地理」が経済学の「経済地理」に、商品のほうは商業学のなかの「商品学」として位置づけられている。「歴史」は「国史」に変わり、「経済史」は専門学科目の経済学に分類されている。

専門学科目では、法律学に「憲法」が新たに入っているが、ほぼ同じである。経済学で「経済政策」のウエートが多くなり、「東亜経済論」、「統計学」、「日本産業論」、「工業経営論」、「国際金融」などが加わっている。そして、創立時の「簿記及会計学」、「商業学」、「貿易実務」は商業学に統合されている。

このように、科目が集約されるとともに、明らかに実務的な科目名が減少している。さらに、創立時の「数学」は商業学のなかの「商業数学」と「珠算」に整理されている。

そして、商業学のなかで注目すべきは、「経営経済学」である。創立時の「商工経営」が変わったもので、

1944年

前田校長

資料18　Y専の教職員（『望雲――Y専時代の思い出――』1999年）

第一學年 學科目	每週授業時數	第二學年 學科目	每週授業時數	第三學年 學科目	每週授業時數
共通學科目					
普通學科目					
修身	一	修身	一	修身	一
體操	一	體操	一	體操	一
教練	二	教練	二	教練	二
國史	二				
國語及漢文 （商）	二				
數學 （商）	一	工業概論	一		
英語	四	英語	三	英語	三
支語	二	支語	二	支語	二
第二外國語	三	第二外國語	二	第二外國語	二
專門學科目					
法律學					
法學通論 憲法	二	民法	三	商法	三
經濟學					
經濟原論	三	東亞經濟論	二	財政學	二
經濟地理	二	經濟政策	三	經濟政策	二
		金融論	二	統計學	一
		經濟史	二	日本産業論	一
				工業經營論	一
				國際金融	一
				植民論	一
商業學					
商業概論	二	經營經濟學	二	保險學	二
商業數學	一	交通論	二	會計學	二
簿記 （中）（商）	三 一	簿記	二	配給論	一
商品學	二			貿易論	一
珠算 商業文 （中）	一				
演習					
		演習	一	演習	二
合計	三一		三一		三一

備考

(1) 前表時數中、商ハ商業學校卒業者、中ハ中學卒業者ニノミ課スルモノ

(2) 第二外國語ハ支那、西班牙、伊太利、露西亞、馬來、獨逸、佛蘭西ノ諸語中其ノ一ヲ選ヒ必修セシム但シ希望者少キトキ又ハ學校ノ都合ニ依リ右ノ中一語又ハ數語ヲ缺クコトアルヘシ

(3) 演習ハ專門學科目其ノ他ニ關スル研究ヲナシ第三學年ニ於テハ卒業論文ヲ提出セシム

資料19　カリキュラムの体系（横浜市立横浜商業専門学校編『横浜市立横浜商業専門学校一覧　昭和十八年度』1943年）

現在の経営学にあたる科目である。この時期、日本の経営学はアメリカよりもドイツの影響をうけており、この名称を使っていた。もう一つは、戦時下の統制経済のなかで重視されている「配給論」であり、これは時局の要請に応えるものであった。

また、商業学と経済学がともに十三科目と同数であること、商業学の実務的な科目の減少、ゼミナール指導の強化、の三つを合わせて考えると、Y専の教育は実用的なものでありながらも、他方でアカデミックで理論的な志向性をもつものになっていたと考えられる。

教員組織やカリキュラムを見るかぎり、戦時下にあることを示す要素は、出征中の教授小山傳三や教練の増加などで、必ずしも多くはない。しかし、この昭和十八（一九四三）年の『一覧』の他の箇所を見ると、戦時のまっただなかにいることが明らかになる。〈資料18〉の教員組織を

9. 『横浜商業専門学校一覧（昭和十八年三月）』にみる当時のY専

見ると、経済研究所の関係のほかに、報国団役員の欄がある。『一覧』の雑則第一条に「横浜商業専門学校報国団規則」（八八－九三頁）が収録されている。それは、教職員と学生すべてがメンバーとなり、団長は校長の前田、副団長は安彦孝次郎で、教授と助教授はほとんどなんらかの担当をもっている。

同規則第二条には、「本団ハ教学ノ本旨ニ則リ報国ノ精神ヲ以テ全校一致心身ノ修練ヲ行ヒ校風ノ発揚ヲ図ルヲ以テ目的トス」（八八頁）とし、総務部、鍛錬部、国防部、文化部、生活部の五部をおいている。具体的には、企画統制など総括をとり扱う総務部（部長渡植彦太郎）、「勤労作業剛健旅行其ノ他専ラ団員ノ行的ナル心身鍛錬ニ当リ」、これには鍛錬班とスポーツ系の十六班をおく鍛錬部（部長田島四郎）、「防空其他国防上必要ナル技能ノ訓練」にあたる国防部（部長光畑愛太）、「教養ノ修練情操」を育てる文化部（部長山口太郎）、「主トシテ生徒団員ノ生活全般ニ亘ル指導斡旋」にあたる生活部（部長荒木直）がつくられている。

この報国団のもとに報国隊が設置されている（九四－九八頁）。その規則第一条は「報国団ノ有事即応ノ指揮系統ヲ確立シ時局ニ艇身奉公スル為メ報国隊ヲ設ク」とし、報国団のすべてのメンバーが所属している。校長が隊長となり、本部をつくり、そのもとに本隊（大隊に第一、二、三中隊、さらにその下に小隊をつくるという編成）と、特別警備隊（中隊と第一、二小隊からなる）が位置している。そして、本隊と特別警備隊には、防空編成表が作成されており、本隊には第一中隊と第二中隊、特別警備隊は保土ヶ谷署応援隊、予備隊、消防隊（鶴見消防署の応援）、救護隊（Y専内での救護）からなっていた。

このほかに、庶務課所管の細則に「非常警備規程」（七二－七四頁）や「防空警備規程」（七四頁）が制定されており、戦時下における学内の緊急事態への対応方法が決められていた。また、すでに一九三五（昭和十）年には、「学校教練検定規程」が定められており、学生は教練の検定に合格しなければならなくなっている（一二七一一二八頁)。

さて、この昭和十八(一九四三)年三月の『一覧』が出された翌四月、Y専は別科として「南方経済科」を設置している。前年の四月から「南方経済講習会」が半年間にわたって行われたことについてはすでに述べたが、この年からそれを別科としている。翌年まで二回募集が行われ、定員は五十名の一年制のものであった。そして、授業はY専ではなくY校の校舎内で行われている。

南方経済科の教育内容は、当時日本軍が進攻していた東南アジアの風土、文化、そして経済についてであり、外国語は「マレー語」を習得することになっていた。当然のことながら、将来東南アジアに雄飛することを目ざす人びとの育成を行うことを目的としていた。そして、戦時下であったので、(軍事)教練は当然課せられており、Y専生と一緒に行っている。

いうまでもなく、南方経済科の設置は当時の国策に従って行われたものであるが、そこにはかつて「アメリカ研究」で独自の成果をあげていたY専の姿はなかった。

10. 存続の危機にあったY専

このような戦時下で、Y専にはさらに深刻な「存続の危機」が迫っていた。〈資料5〉で高橋恭は「Y校にとって最も困難な時期が訪れたのは、昭和十八年から昭和十九年にかけての、いわゆる「商業学校の廃止、転換」の問題が起きたときである」とし、その理由を、戦時中私的企業（プライベート・エンタープライズ）の営利追求の学問を教える学校は無用であるとして排斥されたことに求めている。そして、この時期は戦争遂行のための生産力の拡充こそが重視されている。

一九四三（昭和十八）年九月十六日は校祖美澤進の命日にあたるが、Y校関係者は美澤の墓参の後、帽子などにつける校章を「Y」から「横商」に改めている。同様に、「Y」を使っていたY専も、これにあわせて「商専」にしている。アルファベットを使うことは敵性語ということで、使用がはばかられる状況になっていた。それは、野球で「アウト」や「セーフ」にかわる言葉を用いたのと同じものであった。日米開戦以降、学校、横浜市、進交会の協議が行われ、この年の七月に意見がまとまって美澤の墓参後に変更されている。

そして、同年十月になると、学徒徴兵猶予が停止されるとともに、国は男子系商業学校の工業学校などへの転換をはかるために、「教育ニ関スル戦時非常措置方策」を決定している。『Y校百十年』（一九九二（平成四）年）の「戦時下の商業学校の受難」（永瀬武、四二–四三頁）のなかで、中等教育の男子の商業学校は全国で四八校を残して、他は生産力の拡充を目ざして工業学校（二七四校）、農業学校（三九校）、女子商業学校（五三校）

に転換することになり、廃校した商業学校も三六校に及んでいる。

神奈川県内では、男子の商業学校（全日制）で県下最古のY校一校のみが存続を認められ、他の商業学校は戦争遂行という国策に従って、この非常措置の受け入れを余儀なくされる。そして、幸運にも存続することができたY校も、それまでの五クラス体制（定員二五〇名）から三クラス（一五〇名）に削減せざるをえなかった。

Y専も事態は急迫していた。校長前田の苦悩はきわめて深かった。『Y専の沿革と回顧』のなかで、彼はつぎのようにいう。「私に最も印象の深いのは、我々の横浜市立商業専門学校が危く廃校とならんとしたことである。昭和十八年政府は全国十三の官公立高等商業学校を地域的に大体半数に制限する学制改革を持ち上げ、関東地区としては横浜高商を残して我々の学校を廃止する案を立てたのである」（一五一一六頁）。

これによると、国は商業学は国家にとって悪であり、「商業無用論」の主張により全国の官公立高商の半減化という鉄則をうちだし、関東地方にあった二校のうち官立の横浜高商を存続させ、Y専を廃止する案を考えたのである。この計画に対して設置者の横浜市と市長半井清は、国の意向に従って、そのかわりに軍医養成を目的とした「医学専門学校」（横浜医専・横浜市立大学医学部の前身）の設立をもくろむことになる。

Y専にとって事態は絶体絶命というべきものであった。「私の心配は勿論一通りでなかった。私は思った。我々の学校が廃校となった場合の卒業生の感じは果たして如何であろうか、母校が消えてなくなる、心の古里が無くなる、此れ到底耐えられないことであろう」と前田はいう（一六頁）。

前田はここで敢然と立ちあがり、「私は文部省をして此鉄則を破らしむべく運動し、それを以て市当局に運動し、校舎を明け渡し生徒定員を半減してY校鉄筋校舎に合併するの案を以て遂にわが校存置に成功した」（一六頁）のである。要するに、前田は学生定員の半減化を行うとともに、松浦吉松の篤志などによって建設された木造校舎を退去して再び創立当時のY校校舎にもどり、Y校と同居する選択を行う。そして、明け渡したY専の校舎は新設の医学専門学校が使用することにした。

Y校には『百年史』などに代表される記念誌が発行されてきたが、それらに収録されているY校沿革比較年表を見ると、このときのことを「商業学校の多くは廃止または転換を余儀なくされたが、本校及び横浜商業専門学校は、前田幸太郎の努力と鈴木忠治による文部大臣岡部長景との話し合い、磯野庸幸・美澤義雄らの母校愛とによって残存した。時の文部省商工課長辻田力は前田試案の成立を容易ならしめた（十八年九月―十九年一月）」としている（『Y校百十年』二六頁）。

鈴木忠治はY校の六期卒業生（一八九四（明治二十七）年）で、この年の三月には内閣顧問に就任しており、前田の強力な提案をたずさえて文部大臣岡部との話し合いが行われ、文部省の辻田力の理解を得ている。そして、進交会の必死の思いの支援も当然のことながらあった。磯部庸幸についてはすでに述べたが、当時進交会の常務理事であり、Y校・Y専の商議員でもあり、翌年九月には中村房次郎の死去のために進交会の理事長になっている。もうひとりの美澤義雄は校祖美澤進の子息であり、Y校の十九期生であるので、Y校への愛着はきわめて強かった。

なお、鈴木忠治について補足すると、鈴木三郎助を創業者とする味の素株式会社の二代目社長（一九三一（昭和六）年―一九四〇（昭和十五）年）であり、三郎助の実弟として兄に協力して味の素を技術面から支えていた人物である。そして、一九四〇（昭和十五）年から五年間は昭和電工株式会社の社長にもなっている。また、その他の企業の取締役、業界や国関係の委員などの要職についていた著名なビジネスパーソンである（『味の素株式会社沿革』一九五一（昭和二十六）年、三〇七―三一四頁の略歴）。

さらに、彼は母校の進交会基金に一九四二（昭和十七）年、金一万円を寄付し、翌一九四三（昭和十八）年三月からは内閣顧問に就任している。つまり、鈴木は単なるY校の卒業生というよりも、当時の日本の代表的な経営者、財界人のひとりであった。

一九四四（昭和十九）年四月、Y校は神奈川県では唯一の商業学校として存続し、Y専は「横浜市立経済専門学校（経専）」となってY校に同居する。しかし、ここで判明したのは、Y専は学生定員の半減化やY校との同居だけでなく、校名も変更することを命じられたことである。要は「商業学校の廃止・転換」が国の目的であり、存続できた横浜高商も「工業経営専門学校」に改称させられている。

他の学校を見ると、いわゆる三商大のなかで、大阪商科大学はかろうじて名称を継続させるが、この年に東京商科大学は東京産業大学（経済科、経営科、行政科）、神戸商業大学は神戸経済大学（経済科、経営科）へ改称している。「商業」は校名には使用されなくなり、マクロ的なイメージをもつ産業とか経済、さらに生産力の補充にかかわる工業経営に変わっている。名称が変わらなかった大阪商科大学については、前年の四三年に大阪「商大事件」が発生し、教職員の休退職や学生の取り調べを余儀なくされている（齊藤毅憲稿「経営者教育」、米川伸一編著『経営史』、一九八六（昭和三十一）年、同文舘、二三〇―二三三頁）。

そして、学校数の半減化は実現できなかったが、官立高商では山口、小樽、大分、福島、高松はY専と同じく「経済専門学校」、長崎、名古屋、横浜は「工業経営専門学校」、和歌山、彦根、高岡は「工業専門学校」に名称を変更し、改組されることになる。つまり、ここでは、商業にかわって経済、工業、工業経営が使用されている。

私学も同様であったが、キリスト教系の学校はとくに悲惨である。横浜市内では、Y専とほぼ同じ時期に設立された関東学院の高等商業部は、『関東学院大学経済学部三十年史』〔一九七九（昭和五四）年〕によると、青山学院、明治学院の高等商学部と三校合併となり、「明治学院経済専門学校」として存続している。関東学院大学経済学部のルーツは、このように一時期であったにせよ消滅せざるをえなかった。関東学院はこの状況のなかで、現在の工学部の前身となる航空機の専門学校を設立している。

いずれにせよ、当時の国は商業に関する教育を私的企業の私利獲得、営利追求の学問とみなして国家にとって悪とし、それにかわって全体的、マクロ的な観点に立つとされた経済、工業・産業や経営のほうを優先するようになる。そして、生産力の拡充が時代の要請であったから、工業・産業や生産管理的な研究が重視される。その一方で統制経済のもとでの商業は、自由な取引が大幅に制限され、それにかわって〝配給〟という国家による強制的な商品配分という考え方が台頭する。

Y専はこのようななかで存続の危機にあったが、校長前田の奮闘のもと、Y校OBで内閣顧問の鈴木忠治、文部大臣岡部長景、文部省商工課長辻田力の支援、そして進交会の理解と協力、さらに市長半井への説得があって、経済専門学校〔経専〕と改称しながらも、かろうじて存続することができたのである。

『Y専の沿革と回顧』のなかで「戦争前後」を書いた安彦孝次郎は、「文部省が全国の官立高商を経済専門或は工業経営専門〔学校〕という名称に改めたので、わが校も市立経済専門〔学校〕と改称することにした。帽章の「商専」はこんどは「経専」となった。めまぐるしいばかりの変化である」〔四七頁〕と述べている。安彦は事実をたんたんと書いているが、背景にはこのようなことがあった。

日米開戦によって英語教育が否定され、アルファベットは使えなくなって、帽章の「Y」は「商専」に変わる。商専にきり変わったことには、当時の横浜市長半井の要請があったが、学生のなかには愛着のあったY

章を変えない者もいたという。しかし、この商専も、変わってほぼ半年後には「経専」になってしまう。

安彦はいう。「校名も帽章も戦争という圧力によって、あっという間もなく改変されたのだ。伝統も愛着もあったものではない」（四八頁）。もっとも、終戦からわずか二ヵ月後には帽章は再び「Y」にもどっている。安彦は、これにはY校とY専の伝統の力があったとしている。

11. 戦争前半期のY専

Y専の卒業生である野並豊著『大正浜っ子奮闘記』（神奈川新聞社、二〇〇七（平成九）年、三七ー四一頁）と、田中正司著『甲子の詩――市大35年の歩みの中で――』（甲子の詩刊行会編、横浜市立大学生活協同組合、一九八四（昭和五十九）年、一〇ー一三頁、一八ー二二頁）の二冊は、戦争前半期のY専についてふれており、興味深い。

野並は横浜を代表する会社「崎陽軒」のトップ・マネジメントであり、田中は横浜市立大学商学部の教員である。前者は一九三九（昭和十四）年入学で、一九四二（昭和十七）年三月に卒業予定であったが、日米開戦の前年十二月に三ヵ月の繰りあげ卒業（Y専十三期）になっている。田中は一九四一（昭和十六）年入学、一九四四（昭和十九）年三月に卒業することになっていたのが、さらに繰りあげが六ヵ月と早くなったために、前年の十月に卒業している（Y専十五期）。ふたりの卒業は、野並が日米開戦と同じ年であり、田中のそれは前述した「教育ニ関スル戦時非常措置方策」が決定されたのと同じ時期である。

野並は、日米開戦の大本営発表を聞いた時の感慨を忘れることができなかったという。天皇の詔勅放送を、教員室の窓辺に置かれたラジオで、他の学生たちとともに校庭で聞いている。少年時代に平田晋作著『我らの陸軍』、『我らの海軍』を愛読書にし、日本軍の優秀さを信じていた野並であったが、教員から「アメリカは先進国中最も歴史の新しい国だが、国民は進取の気性に富み、近代文明、特に科学技術を発達させ、かつ広い広い国土には地下資源が豊富にある。要するに次の時代を切り開く十分な活力を持つ国なので、次代のリーダーとしてはアメリカ以外考えられない」（四七頁）とアメリカ経済の実態も教えられていた。そして、それを信ずべき事実と考えていたという。「日本軍も強いとは思っていたが、果たしてアメリカを相手にするほど強いのだろうかというのが私の第一印象だった。〔中略〕どうしても勝てるという予感は浮かんでこない。何か昨日までとは違う、迎えてはいけない日を迎えてしまったという感じであった」（四七頁）と述べている。

さらに、野並の忘れえない思い出は、卒業直前に行われた山城章の授業である。講義らしいものを短時間で終えた山城は、社会人になってからの心得をじっくり話し、学生に「はなむけの言葉」を送っている。終了後、学生たちは教室を出ることもなく、だれからともなく自然発生的に軍歌が歌いだされ、それを全員が声をかぎりに歌っている。

しばらくすると、教員室にもどっていた山城が再び教室にあらわれ、「私は諸君に送る言葉を間違えていたかもしれない〔中略〕君たちの歌声が聞こえてきて、気がついた。諸君は毎年の卒業生とは違い、職場に入る前に戦場に向かう身だった。ぜひとも身体にきをつけて、国のために尽くしていただきたいとともに元気に帰ってほしい」（四九頁）と述べている。この二度めの言葉に学生たちは感激し、教師や親しい友人との別れをおしんでいる。なお、この学年は野並が名づけた「Y専一六一二会」という学年会をもっていたが、それは昭和十六年十二月に卒業したことに由来している。

ところで、野並はY専時代をどのようにとらえていたのであろうか。確実に戦時にむかっていることは意識しているが、同時に「青春」を謳歌している時期でもあった。いろいろなタイプの学生が入学しており、とくに、東京から入学した学生の口からはカントやデカルトなどの言葉がしょっちゅう飛びだすので、自分が育ってきた商家の雰囲気とはちがっていたといい、いわば「思索」の世界があることを実感している。そして、思い出に残っている授業は「経済原論」、「経済学史」、「経済政策」などの経済学関係と、英語・第二外国語であった。それと、教練の配属将校の岡田大佐である。岡田は当時の人気マンガの主人公ゴリラのポン助に似ていたことから、「ゴリポン」というあだ名がついていたという。

彼はクラブ活動にも積極的に参加しており、一年ほどで退部した柔道部のほか、山岳スキー部、写真部で活動している。さらに音楽部にも入り、ブラスバンド活動にも参加している。

Y校からY専まで約八年弱の間、校外の行動はほとんどが伊勢佐木町（ザキ）であった。野並の場合、学校帰りに京急の日ノ出町駅で下車してオデオン座の前に出るのが、いつものコースであった。当時の伊勢佐木町にはオデオン座のほかに、横浜常設館や横浜日活館などがあり、邦画も洋画（外国映画）も上映されていた。学生には洋画に人気があり、ときには馬車道にあった横浜宝塚劇場にも出向いている。

また、横浜常設館の裏には『園生』という喫茶店で、ベートーヴェン、モーツアルト、メンデルスゾーンなどのクラシック・レコードを鑑賞している。そして、〝森キン〟といわれた森永キャンディーストアや明治屋、不二家にも通っている。このようにみると、戦時にむかうなかでも、学生たちはまだ青春を謳歌し、学生生活を楽しんでいることがわかる。

それでは、田中正司はどのようであっただろうか。彼の著書は、自身の三部十一編の論考やエッセイと、ゼミナール校OB十一名のエッセイでなっており、ここで主に対象とするのは、「第一部　私の青春と思想」に収録された「私を支えた問題意義　社会科学と私の出会い」（一九六九（昭和四十四）年四月）、「ある出会い」（一九七九（昭和五十四）年三月）、「私の青春と学問遍歴」（一九八三（昭和五十八）年十一月）の三編である。

まず「私を支えた問題意義」を見ると、田中の学生時代は「太平洋戦争前後の時代でしたが、当時の徹底した軍国主義教育の下に育ち、まだおさない青年として歴史とか社会の出来事を大きなパースペクティブの下でとらえていくという歴史意識が欠如していた」(二頁)とし、自身の学問的問題意識は終戦の一九四五(昭和二十)年の八月十五日からはじまったという。

もっとも、自分の知的生活のはじまりは、Y専入学からスタートしているとしている。それまでの「教科書中心の与えられた世界から解放されて自由な学問の世界を垣間見たときにはじまった」(二頁)というから、Y専の教育や環境は田中にとって刺激的であったといえる。

それは、野並にもインパクトを与えている。野並は前述したクラブ活動などを通じて青春を謳歌していたようだが、心のなかでは、人間はなんのために生まれてきたのかとか、人生の本当の意義とはなんなのかといった思索の世界に沈んでいく時間も多くなったという。「両親と口を利くことも少なくなり、(中略)人生論や人間論など、一度や二度読んでも理解できないような本ほど魅力を感じたものである」(四四頁)としている。

それに対して、田中の場合、Y専に入学してから学問の世界の透明さや多様性に魅了され、経済学を中心とした学問への知的渇望にとりつかれて一生懸命本を読んだとし、出版数年後であったケインズの『一般理論』にも挑戦している(三頁)。

つぎの「ある出会い」は、一九四二(昭和十七)三月末に、朝鮮半島にあった京城高等商業学校の教授からY専に着任したばかりの山田長夫との出会いを書いたものである。田中は二年生になっていったが、山田から「植民論」と「日本産業論」を教わっている。また、三年の時に、田中のゼミナールの担当教師で、ケインズ経済学を研究していた塩野谷九十九が名古屋高商に移動することになったため、山田のゼミナールに移っている。もっとも、六ヵ月の繰りあげ卒業であったので、本格的に山田の指導をうけたのは終戦後のこととされている。

さらに、もう一つの「私の青春と学問遍歴」を見ると、Y専の校舎は立派ではなかったが、「スタッフの方はかなり優秀で〔中略〕後にそれぞれの領域で一流の研究者になったスタッフがそろっておりました。学校の雰囲気それ自体もかなりリベラルで、私も入ったとたん、いわゆるカレッジ・ライフをエンジョイすることができました」（一九頁）と述べている。

入学した年の十二月に日米開戦になるが、このときのことについては、つぎのように書いている。「真珠湾攻撃の日に、校長が獅子吼して、皇国の興廃この一戦にあり、各員一層奮励努力せよといった建前論をはなばなしくぶっていたその日に、ゼミナールの塩野谷先生がこの戦争は絶対に負けるといわれたのにはびっくり仰天したことだけです」（二七頁）という。塩野谷から、日米の生産力が一対十三で相当のひらきがあるために、日本はアメリカに対抗できないという話を聞いて、田中は驚くとともに強い印象をもっている。おそらく、野並も塩野谷などの話を聞いていたのであろう。

とはいえ、「その翌日から、そんなこと言ったらいっぺんに憲兵隊にひっぱられますから、塩野谷先生をはじめ誰も一切、日本の軍事体制云々といった批判をする人はいなくなってしまった」（二七頁）としている。田中はY専卒業後には大学への進学を考えていたが、アッツ島の玉砕（一九四三（昭和十八）年五月）といったこともあって、「いつどうなるかわからない状況になり」（二三頁）、大学進学をあきらめて、六ヵ月の繰りあげ卒業のあと、三菱石油に就職している。

このように、戦争の影響が明らかにでているが、その後の敗戦をむかえる時期とちがって、まだカレッジ・ライフをエンジョイできる状況は残っていた。Y専の所在地である京急の南大田は伊勢佐木町に近く、授業が終わるとほぼ毎日伊勢佐木町までブラブラ歩いていき、遊んで帰っている。日ノ出町で下車した野並とちがって、田中は徒歩ではあったが、同じように〝佐木ブラ〟をしている。

喫茶が十銭、ケーキが十五銭、映画が二十五銭、岩波文庫の星一つが二十銭の時代に、彼は親から三十円のこづかいをもらっていたので、一日一円を使っても十分な学生生活であった。田中の三菱石油の初任給は七十円であったが、Y専時代には「毎日学校が終るとザキに行って、お茶を飲んでケーキを食べて映画を見て、そして本を買って帰るという生活をしていました」（一九頁）という。

野並も学生生活を楽しむとともに、「思索」の世界にふけったとしているが、田中の場合には「神中、今の希望ヶ丘〔高校〕始まって以来の空前絶後の大秀才」（二一頁）といわれた山田長夫との出会いによって、人間的、思想的な形成が可能になったとしている（二二頁）。

いずれにせよ、戦局を楽観視する傾向にあった戦争前半期には、学習や研究が可能で、学生生活をエンジョイできる状況も残っていた。しかし、勤労動員、学徒出陣、そして空襲により、それが一気に〝インポッシブル〟となる局面をむかえる。

12. 戦争後半期のY専

9. の昭和十八年三月の『一覧』で見てきたように、学生に対する教育の機能は低下し、教職員と学生すべてがメンバーとなる報国団が結成されて、報国の精神とそのための心身の修練が重視されるようになる。『Y専の沿革と回顧』のなかで「学徒兵」を書いた山田長夫は、当時の文部省は「陸軍省文部局」と陰口されたといい、学校は士官学校や下級将校養成所の観を強くしたという（六六頁）。スポーツ系のクラブ（部）も班と改められ、報国団の一部として位置づけられることになる。

そして、戦時下における学内の緊急事態、とくに空襲への対応方法が決められ、学生と校舎の保護のために宿直制度を改めたり、待避訓練や防火演習が行われたりしていく。

しかしながら、事態はさらに最悪の方向に進んでいた。その一つは、学生のなかにも応召者が出て、出征する人びとが見られるようになっていくことである。同年配の若者が出征しているのに、学生が救済されるというのはおかしいという風潮が強くなる。そして、この年の十月に、いわゆる「学徒出陣式」が大々的に開催され、学生は戦場に駆りだされていく。

二つめは、生産現場で労働力が目立って不足してきたために、勤労作業に従事する労働力として学生を供給すべきということになり、勤労動員・勤労奉仕が大規模に行われたことである。Y専もこれに従い、教育機関としての役割を著しく低下させていく。

そして、もう一つは、空襲が激しくなって、Y校とY専もそれによって甚大な被害をうけたことである。一九四二（昭和十七）年四月に敵機が学校の上空にあらわれ、被害はなかったことについてはすでに述べたが、終戦の一九四五（昭和二十）年の空襲はY専の教師を死亡させるものとなる。

以下では順次、これらの三つについて述べていく。まず学生の出征について見ると、前述した山田長夫の「学徒兵」をあげなければならない（六五―七一頁）。山田は、新京商業から一九四二（昭和十七）年に入学し、学徒兵として出陣した町正宇のことを愛惜の思いをこめて書いている。柔道部と音楽部に属し、明朗な性格の町はだれからも愛され、尊敬されていた。山田のゼミナールで学習していたが、学徒動員に応じて前述の学徒出陣式後、学校を去っていく。

航空隊に志願して群馬県館林で訓練をうけ、その後静岡県の浜松航空隊に配属されている。この間、山田との手紙のやりとりが行われ、彼は軍隊生活の厳しい現実や学生生活の思い出などを山田に伝えている。

山田はいう。多忙のなかでも「彼は詩人であった。グライダー訓練の広場に立って、砂煙の中にふと在りし日の学校生活の一コマを思い出す一首など、感動に涙なしには読み得なかった」（六七頁）と。そして、軍隊生活はヒューマニズムに欠けていることを指摘した町の苦悩に、当時の若き学徒の典型を見ている。

一九四四（昭和十九）年四月に、町の戦友の将校から山田に手紙が届き、町の戦死を知る。「先生の愛弟子、小生の戦友たる町少尉は実は先の二月十六日のグラマンの空襲で壮烈なる戦死を遂げられしものに候。〔中略〕生前町は先生より便りがある毎に小生に見せ、先生を慕ひ、経済学の事など話し、一度先生に会って昔のやうな話を聞きたいと口癖のやうに申居候。先生も遂に町に御会ひ致さず逝かれ、さぞ御残念と拝察仕居候」（七〇頁）。これは、なんともやりきれない無残な手紙である。

山田は終わりに「学校教育のあの暗黒時代に町君のような学生を多く生んだことは、私はY専の誇りであり日本の誇りであると信じている。いずれの国、いずれの時代に於いても、戦争は常に優秀なる若人を犠牲にする。優秀なる若人程名誉を重んずるからである。〔中略〕あの無謀極まる戦争によって敗戦国日本の蒙った最大の損失は、空襲による甚大な富の消失や植民地投資の喪失ではない。優秀なる若人である。痛ましい哉。合掌」（七一頁）と書いている。

ところで、一九四四（昭和十九）年になると、徴兵検査の年齢が十九歳にひきさげられ、これによって多くの学生が召集されることになる。一九四三（昭和十八）年四月にY専の専任講師（教養）になった野田壽雄は、新制の横浜市立大学教授就任（一九四九（昭和二十四）年四月）後まもなく北海道大学文学部に転出しており、勤務年数は少ない。しかし、Y専時代の学生とのつながりがきわめて深く、『望雲――Y専時代の思い出――』（一九九九（平成十一）年、一四三頁）という文集〈資料20〉は表紙、〈資料21〉は目次）をつくっている。

本文集には、一九四三（昭和十八）年入学、一九四五（昭和二十）年卒業の十九名の思い出が収録されている。それを見ると、ほとんどの人が一九四四（昭和十九）年から終戦の翌一九四五（昭和二十）年まで召集されている。たとえば、高岡商業学校出身の河原一雄によると、「学生の徴兵延期が無くなり、徴兵年齢も一年繰り下げられ十九歳となった。徴兵検査は横浜で受けたから私のような体が小さく、体力の無い者が甲種合格の判定が下された〔中略〕また学校の授業もないので、特別甲種幹部候補生に志願し、在学のまま〔一九四四年〕十月に前橋陸軍予備士官学校に入校することになり、山砲兵として配属された」（三三頁）という。

このような徴兵が多くなるなかで、教授の安彦は「召集令状は次々に学生を亢奮させた。日毎に「日の丸」が我々の卓上に持ち込まれた。我々は、いちいちそれに署名し、激励の文句を書き入れた。其の日が来ると

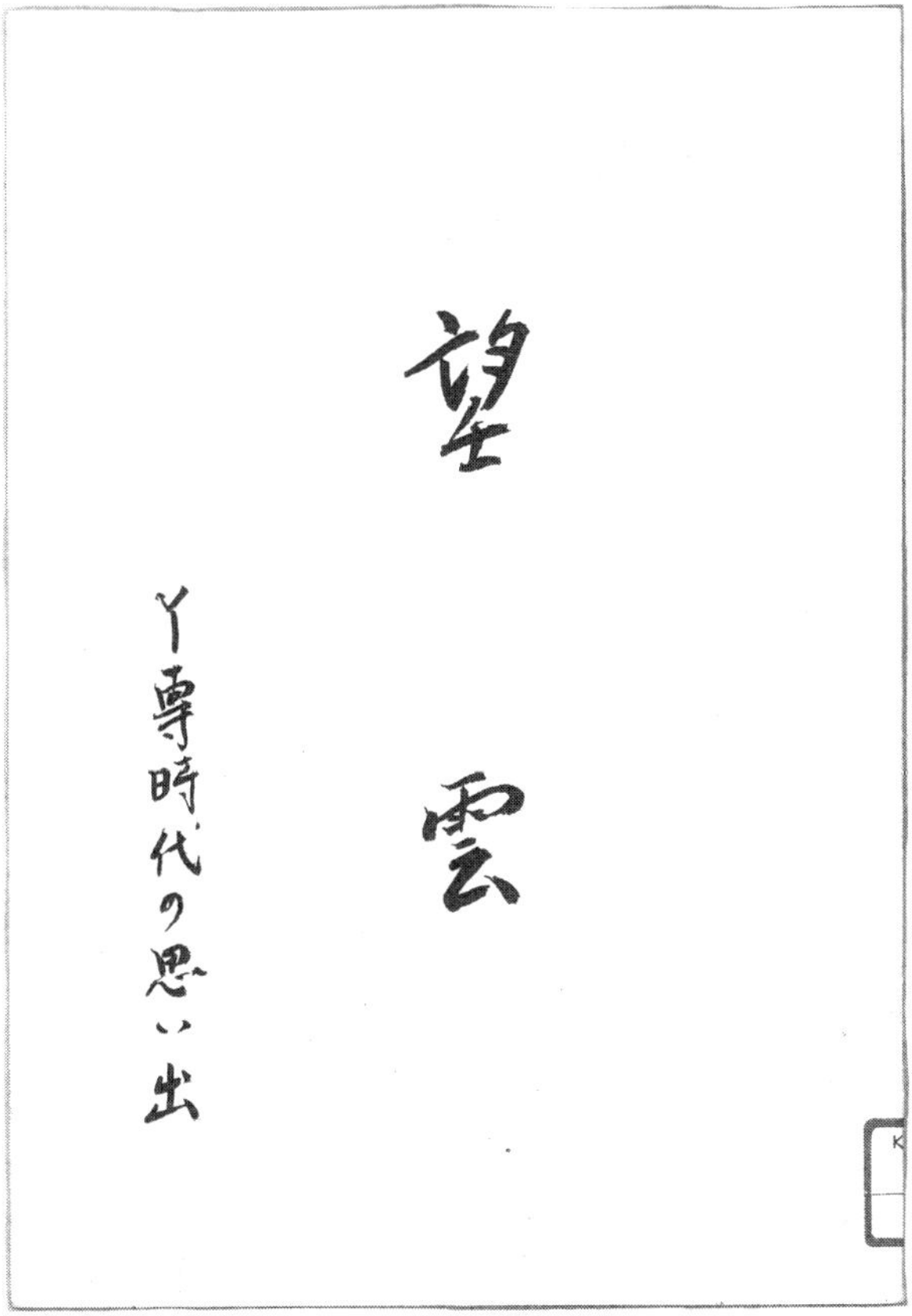

望雲

Y専時代の思い出

資料 20 『望雲――Y 専時代の思い出――』1999 年

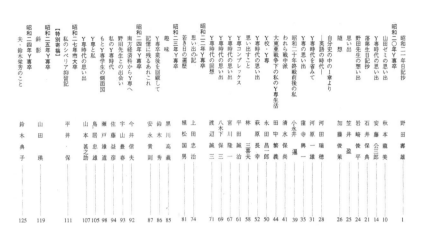

資料21　『望雲』の目次（『望雲——Y専時代の思い出——』1999年）

学生はこれをたすきにして別れに来た。見送りに行けばプラットホームは一面「旗の波」で、「勝手来るぞ」の歌声はいつまでも続いた」（『Y専の沿革と回顧』、四三頁）と書いている。

『望雲』には、この「日の丸」が残っていることを明らかにした笠井盈の「思い出」がある。仙台市出身の彼は、一九四五（昭和二十）年二月に歩兵一二二部隊に入営するが、校長の前田、田島、安彦、山田、吉田弥雄、田仲益見とともに、同級生二十四名のサインが載っているという。

「（Y専の）思い出」を書いた府立三商出身の窪寺興一は、「私も二学年に進級早々に徴兵検査を受け（中略）いつ赤紙召集になるかと俎上の魚のような気分の日々となり、今日も一人、明日も一人と赤紙召集で去り行く友を見送る日々でもあった」（三六頁）とし、そして、みずからも「勤労動員中であったがY専を休学して昭和二十年一月に東京小平の陸軍経理学校へ入学した」（三七頁）としている。

つぎに、勤労動員について見ていこう。「Y専生活十七年の回顧」を『Y専の沿革と回顧』に書いた田島四郎は、学生生活との関係が深い生徒課担当のキャリアが長く、学生との接触が多かった。しかし、教師としてきびしい対応をとっていたために、学生からの反発や一部教員からの風当たりも強かったようである（三一―三三頁）。

戦時も末期に突入する時期になると、労働力不足が目立つようになり、勤労奉仕が求められ、生徒主事であった田島は勤労作業の計画実施に苦労している。そして、戦争が激しくなるにつれ、勤労作業が強化されることになった。「工場動員も初期には一か月のうち一週間や十日位であったが、遂には通年動員となって、学校は軍需工場へ移った感があった。授業はほとんどなくなり、学生は終日油と汗とにまみれて工員と共に働いた。週に一、二回重要学課の講義と教練とか作業の余暇に実施されたが、環境や設備に制約されて、決して効果的とは云えなかった」（三四頁）という。

『望雲』を見ると、一九四三（昭和十八）年ころは、田島のいうように一ヵ月のうち限られた日数で行われていたので、それほどの負担ではなく、勉学にいそしむことができた。しかし、一九四四（昭和十九）年には通年動員が実施されるようになったので、七月以降学生は居住地によって数ヵ所の軍需工場に配属され、ほとんど授業ができない状態になり、それは終戦のときまでつづくことになる。

学生の監督役を担当していた安彦も、前述の「戦争前後」のなかで「我々は工場出勤という新しい生活様式を命ぜられた。戦闘帽を冠りゲートルをまいては、日々、軍需工場に通う事になったのである。サイレンが鳴れば待避し、止めば又作業をつづけた。作業の種類は色々で、砲弾に火薬を詰めるもの、機関銃を組み立てるもの、或は旋盤と取り組み、時には供給鉄材を運ぶものも居た」（四三―四四頁）という。

そして、田島が述べているように、作業の余暇に行われる授業も困難になっていく。『望雲』に「大東亜戦争下の私のY専生活」を寄せた田中繁義は、「先生の講義も工場で受けたり、ゼミによっては時に集まってご講義を密に受けられた方々もあった様ですが、大多数はバラバラになってしまいました」（四五頁）としている。田島はいう。「知識欲に燃える学生は、職場に教科書を持ち込み、参考書を携えて、仕事の余暇には読み耽る者も少なくなかった。私は戦時下働く学生の本当の姿をここに見出し、学生のこの態度には感激させられるものがあった。学生から書物を取り上げることは牛の角を矯めるようなものであって、休憩時間や防犯当番の際には却って奨励すべきであると考え、然るべく手配をとるようにした」（三五頁）。

しかし、当時の学生にとってショックであったのは、教練担当の配属将校が学生に投げかけた「お前等は大きく打てばダサン（打算）と倒れ、小さく打てばリジュン（利潤）と倒れる」という商業を軽視した発言（加藤俊策「随想」、二六－二七頁）と、勤労動員中の読書であった。川崎市の大日本科学工業に出勤した際に安彦は昼食後の休憩中にひとりの学生がゲーテの『若きウエルテルの悩み』を読んでいるのが憲兵に見つかり、本を没収され、ひどく叱責されたと述べている（『Y専の沿革と回顧』、四五頁）。

これと同じ工場であったかどうかは不明であるが、『望雲』でも「或る時は憲兵のロッカー検査があってゲーテの『若きウエルテルの悩み』が発見され、一同集合させられ机に軍靴のまま突立罵声を浴びせられた不愉快な事件もあった」（萩原長幸「Y専時代の思い出」、五七頁）と書かれている。

要するに、横浜市や川崎市の京浜工業地帯の工場や周辺の農村での勤労奉仕で、学生らしい生活ができない状況にあった。学生はもはや学ぶべき存在ではなく、戦争遂行の手段でしかなく、動員された学生のなかには不当な暴力行為をうけたものもいたのである。

さて、もう一つは、いうまでもないが、終戦の一九四五（昭和二十）年に横浜も空襲により甚大な被害をうけたことである。横浜には二度の大空襲があり、一回目は新学期早々の四月十五日であり、二回目は五月二十九日であった。「戦争前後」で安彦はこの二つの大空襲のことを書いている。

四月十五日の夜を保土ヶ谷の丘の自宅で過ごしていた安彦は、久保山とY専のある南大田方面にB29がつぎつぎ飛来するのを見ている。味方の戦闘機――これには一九四三（昭和十八年）Y専卒の武者滋（十六期）が機手として乗っていた――の弾が命中し、同機は編隊から離れてぐるぐる夜空に舞って墜落した。「見当は南大田方面である。これは大変だと思い、夜明け早々学校に駆け付けた。前田校長は私を見るや否や「山口君がやられた」と云った。訊けば昨夜の墜落機にぶつかったのだった。私は、すぐ収容されているという病院に走った。ベッドに倒れているのは、まさしく山口太郎教授だ。（中略）意識不明なのだ。私は暗然として、この親愛なる同僚の床側に立ちつづけた。最後の息を引き取ったのは朝八時頃であった」（四九頁）。

二日前に東京空襲で自宅を焼失した山口は、その報告などのために登校していたが、学校の周辺が火の海になったときに、Y校教員の飯田光三とともに校外に出てまもなく、京急線のガード下で墜落機の破片に打たれてしまったのである。一方の飯田は一九三三（昭和八）年のY専卒業生（四期）であるが、即死であった。それは、まったく無残な死であった。

桜の花で山口の棺を飾り、勤労動員されている工場から駆けつけた学生とともに、列をつくって久保山の火葬場に向かっている。そして、その時のことを安彦はつぎのように表現している。

教え子のかつぐ棺のそばに寄り君の寝息を聴かんとはせり

「山口教授は、早稲田〔大学〕文科出の劇作家で、学校では英語を担当して居た。戦争に対しては常に消極的で「もう駄目らしいよ」と耳打ちすることもしばしばであった。工場では酷使される学生の体を気にしては、よく庇護したものだ」(五一頁)というのが、安彦の山口評である。

そして、五月二十九日の横浜大空襲をむかえることになる。保土ヶ谷の丘は安全と思っていたが、安彦の家の縁側にも焼夷弾が落ち、敵機六百機とか七百機ともいわれた空襲で、横浜の空は全面黒煙につつまれてしまっている。そして、死者三千六百名、負傷者一万名を超える被害であった。

空襲解除後、安彦は学校に走っている。Y校と再度同居していた校舎は「流石に鉄筋はすばらしく、周囲一帯の民家が悉く焼けて満目焦土と化したその只中にあって、厳呼として形を崩さず、頂点にある地球儀のような緑青色のドームが依然として中空に輝いていた」(五二頁)。Y校の校舎は教職員や生徒の防火作業により残っていたのである。

しかし、罹災者の数は多く、Y校がその収容所になったため、文字どおり〃いもの子を洗う〃状態であった。「見ると、元の木造校舎は、意外にも残っていた。〔中略〕然し、生徒集会所は消失し、前面の図書館も書庫を残して跡形もなくなっていた」(五二頁)。そして、自宅から図書館の二階にある研究室に移していた本も焼失してしまうのである。帰路につくなかで、安彦は空襲によって命を失った多くの人びとの姿を見ている。

なお、市内中心部が焼け野原となり、横浜病院も焼失してしまったために、同病院はY校校舎に移っている。

13.『望雲』にみる「思い出の教師たち」

『望雲』によると、一九四三（昭和十八）年にはほぼ授業が行われていた。先にふれた『一期一会』と同じように、学生の反応にはかたよりがあるが、その当時授業に打ち込んでいた学生は教師たちをどのように見ていたのであろうか。多くの人びとが思い出の教師のことを書いているが、「Y専時代の思い出」の萩原長幸は、とくに多くの教員について触れているので、とりあえず彼のものからみていこう（五三―五五頁）。

波多野堯（経済原論）――人柄は春風駘蕩《しゅんぷうたいとう》、開口一番「風が吹けば桶屋が儲かる」の話から始まったのが、なんともおかしくあり、忘れられない。

小木曽公（経済地理）――旧制山形高校時代、インターハイのテニスのペアのために、最後の一年を留年した話にいささか驚いたり感心した。講義の内容は忘れたが、当時ハウスホーファー著『太平洋地勢学』が世にもてはやされていたのを覚えている。

前田新太郎（経済学）――東京商科大学の中山伊知郎門下と聞いていたが、講義のほうはなかなか理解しがたく終わった。内容もあまり思い出せないでいる。

佐藤豊三郎（経済学）――講義は近代経済学の動向などが紹介され、国内外の学者や著者などについて初めての知識を得た。国内では中山伊知郎著『純粋経済学』、高田保馬著『第二経済学概論』、外国ではマーシャルの『経済学原理』、ピグーの『厚生経済学』をはじめ、シュムペーター、ケインズ、ヒックス、ハイエクなどの著書や傾向などを概論的に聞いたが、「理論経済学は数理経済学なり」と聞いて以来、経済学は難解なものと直感した。

山田長夫（ドイツ語・他）――丸刈りの印象が非常に厳しく感じられ、当初軍国調かと思ったが、反対に合理派の先生だった。講義の内容は覚えていないが、ポータブル蓄音機のレコードでシューマンの「エルケーニッヒ」を、ドイツ語の勉強をかねて聞かせてくれた。また、著書では当時エルンスト・アッベ著『硝子の驚異』の訳文が出て、カール・ツァイスの先端技術の話を紹介してくれた。

丸山覚（英語）――オー・ヘンリーの短編小説を教材にし、ユニークなアメリカンイングリッシュのイントネーションが耳に残っている。研究社の訳で『ザ・ラースト・リーフ』、『警官と泥棒』、『夫婦の贈り物』など、およそ鬼畜米英とはかけ離れた話を興味深く読んだ。

安彦孝次郎（道義・日本経済史）――「道義」では『言志四録』、『碧巌録』、『西郷南州遺訓』、『氷川夜話』などを中心に、一時間半の講義はまたたく間に過ぎ、これほど魅了された講義はなかった。人間の生き方、その哲学思想など、はじめて人間について深く興味をもったのはこのときである。偶然、東京神田の書店で教授の随筆集『人生風景』、『人と人との間』の二冊の単行本を発見し、むさぼるように読んだ。また、「日本経済史」では、米沢藩主上杉鷹山の藩財政立て直しの経済政策について話されたことを記憶している。

武藤正平（中世経済史・ドイツ語）――東北帝国大学の出身で、『三太郎の日記』の阿部次郎の門下生であり、合理派の教授で、服装などの日常生活面でそれが感じられ、勤労動員中も絶対にゲートルはつけなかった。教材なしで講義を行ったが、筆記をすると立派な文章になっていた。第二外国語のドイツ語の指導はきびしく、宿題をやってこないとマレー語に行きなさいといわれた。テキストは、ヘルマン・ヘッセの『青春の彷徨』であった。ゼミナールで使用した教材は、テオドール・マイヤー著『ドイツ近世経済史』で、とくに「都市国家とギルド制度」を中心にしていた。

野田壽雄（国文学）――東京帝国大学の久松潜一博士の若手門下生で、江戸近世史が専門と聞いていたが、講義は古典の祝詞と古事記であった。また、当時、著書として『平賀源内の思想と生涯』を出版している。

田島四郎（会計学）――東京商科大学の吉田良三博士門下の会計学者であるが、生徒課の生徒監の印象が強い。放課後の学生の行動などには監視の目が厳しかったと感じた。

荒木直（配給論）――自著の『配給論』をテキストにして歯切れのよい調子で講義されたが、時勢に沿った統制経済の内容は無味乾燥に思えた。一九五三（昭和二十八）年ころ、偶然にお目にかかったときは、文部省の視学官の肩書をもっていたが、学生時代の『配給論』のことが思い出された。

さらに、萩原は定方鷲男（簿記）、松本淳（英語）、林信雄（民法）などの名前をあげている。

それでは、他の人びとはどのようであろうか。すでに引用した窪寺興一の場合、塩野谷の名古屋高商、山城の東京商科大学への転出があったとしながらも、Y専に入学して印象に残った教師として、田島、定方、波多野、佐藤、前田（新）、安彦、荒木、小曾根、林、松本、光畑、山口、山田などをあげている（三五頁）。授業にオール出席であった彼にとっては、ほぼすべての教師の講義がインパクトのあるものであった。

また、「Y専コンプレックス」を書いた平田誠治は横浜出身で、Y校、Y専が自分の夢であったという。将来は東南アジアに行くのだからという思いから、第二外国語はマレー語を選択している。そして、印象に残っている授業は、松本（クラス担当）のネルソン伝、丸山のオー・ヘンリーの短編小説、野田の国文、安彦の歴史、波多野の経済原論、荒木の配給論のほか、岡田中佐、笠原中尉の教練をあげている。Y専は学問的雰囲気につつまれており、帰宅後も教科書や教師推薦の書物を毎日読んでいたという（六一頁）。

さらに、すでに述べた田中繁義は一年生のときはまだまだゆとりがあり、講義をしっかりうけたり、楽しい親睦の集まりなどもできたという。田島が部長の柔道部に属し、Y校の道場で練習していたし、油原の体育の授業ではラグビーを楽しんでいる。野田のほかに「山田先生、佐藤豊三郎先生など若く優秀な先生も居られ、年輩の優秀な先生も揃っておられ、有難い学校だなとの思い出もあります」（四四頁）と回顧している。

つぎに、以下では教員を個別に見ていくことにする。まず波多野堯であるが、既述の加藤俊策によると、経済原論の担当であり、教材は自著の『統制経済の理論』であった。自由主義経済の仕組みが明快に述べられているが、統制経済のほうは付け足しのように感じたという。波多野の頭は、講義中に風が吹くと頭髪のすだれの部分がめくれて下地が見えたとも評している（二七―二八頁）。

八木下保三の「Y専時代の思い出」では、経済原論のほか、二年次に波多野のゼミナールをうけている。当時は本は探しても見つからない時代であった。そして、窪寺興一の場合、後に述べる前田新太郎のゼミナールを希望したものの、前田の召集のために波多野のゼミナールに入って、マーシャルの経済学入門を学習したとしている。もっとも、一九四四（昭和十九）年七月以降、勤労動員の通年化で学習は困難になっていたという。

小木曽公については、安藤公三郎「Y専時代の思い出」（二四―二一頁）のなかで、彼が「まちがっても女学校の先生にだけはなるなよ」といったために、不意を突かれた思いをしたと述べている。〃キンチャン〃の愛称で人気のあった小木曽は、女学校の教師をしていた経験から学生にそのような話をしている。

前田新太郎について、加藤俊策は、彼が中山伊知郎『純粋経済学』を推薦してくれたが、入手できなかったという（二七頁）。新刊は少なく、古本はお金ではなく、本と物の交換の時代であり、入手がむずかしかったのである。そして、ゼミナール希望であった窪寺は、一九五一（昭和二十六）年、北海道大学に移った後の前田と親交を結んでいる（三八頁）。

安藤公三郎は、前田が学生の質問に答えられず、「中山伊知郎先生に聞いてくる」と述べたことについて、新任の教員をからかってやろうというイタズラ心が学生の側にあったが、正直にわからないといった前田の率直さに、学者の良心を感じている（一六頁）。

「Y校・Y専」（五〇—五二頁）の永田昌一郎は、佐藤豊三郎のゼミナールに入っている。佐藤の授業は前田や山田などと同じ難解な授業で、半分わかれば上出来といわれていたが、数学と経済の関係性がおもしろく、十六名が佐藤のゼミナールに入ったという。中山伊知郎の本を使うが、本がないので、やはり筆写している。

このとき佐藤はゼミナールをはじめたばかりで、一生懸命であり、鶴見東寺尾の自宅にまで学生をまねいて学習させている。学生はよく勉強し、なかには後年一橋大学の学長となる宮沢健一がいた。そして、貴重品の砂糖が入った紅茶のうまさは記憶に残っているという。

「山長さん」の愛称をもつ山田長夫については、秋本龍美の「山田ゼミの思い出」（一〇—一四頁）がくわしい。「経済思想史」をテーマにしていたが、厳しさで定評があり、四十名を超える希望者がいたが、ドイツ語の文献を読めることが条件なので、最終的には六名にまで減っている。きびしい学習に耐えていたが、勤労動員と山田の病気のために、ゼミナールの指導は困難になる。しかし、「今でも目を閉じれば、『なに!』と顔に青筋をたてて、つかつかと教壇から降りてくる先生の稍《やや》神経質にも思える顔が私の心を捕らえて離さない」(一二頁)という。

加藤俊策によると、当時英米派の人びとは自由主義の信奉者として排斥されはじめていたが、山田は「イギリスでは言論の自由があり、ハイドパークの一角には何でも自由に言えるコーナーがある。そこでイギリス政府を倒せと主張している人を護っているのは同政府の警官である」(二七頁)といい、「経済学者は部分的には歴史学者であり、哲学者であり、政治家でなければならない」といったケインズの言葉も紹介している。

ところで、既出の平田誠治は、いつからスタートしたかは明らかにしていないが、音楽を愛し、蓄音機を学校に持ちこんでいた山田が、勉強がしにくい環境にある学生のことを気づかって、図書館で参加自由の「日曜学校」を開講したとし、平田もこれに参加している。しかし、一九四五(昭和二十)年五月二十九日の横浜大空襲で図書館が焼失してしまい、「これで日曜学校も終わりだな」(六三―六四頁)と一寸さびしい気持ちになっている。

つぎに安彦孝次郎であるが、彼のゼミナールは人生観的・人生哲学的な内容をもっていたので、学生には一番人気の教師であった(一一頁)。加藤俊策は安彦について、佐藤一斉の『言志四録』をよく引用したといい、「一燈を提げて暗夜を行く。暗夜を憂うること勿《なか》れ。只一燈を頼め」という文章を思いだしている。そして、試験問題に「勤労の倫理性について」がだされたが、だれかが「先生、倫理性とはなんですか」と質問したところ、「それをいったら答えを教えるようなものではないか」と叱られ、学生はみなシュンとしたという(二七頁)。

安彦のゼミナールに所属していた幸田誠治は、勤労動員中に火薬で茶色に染まった指を洗っていたがきれいにならないのを、監督にきていた安彦に「君はタバコを吸うのか」と聞かれている。質問の意味がわからず、「いいえ」と答えている。のちにタバコ吸う友人から「君の指は、毎日根元まで五十本ほど、二年以上吸っているね」といわれたという（六一―六二頁）。安彦は幸田の手をよく見ていたのである。

萩原長幸も勤労動員中の工場での思い出を書いている。味の素の川崎工場で学生を監督をしていた安彦は、工場視察中の社長鈴木三千代に会っている。ふたりは東京商科大学の同期生で、お互いに楽しそうに会話しているのをほほえましく見ている（五七頁）。

武藤正平については、安藤公三郎が書いている。後年病気の武藤を友人数名と見舞いに訪問したところ、歓迎を受けている。分厚いヴィンデルバントの哲学の入門書を学生たちに見せ、自分は高商時代に読み込んだと述べている。武藤は自分と同じようにY校の卒業（三十九期）であり、Y校ではドイツ語がなかったから、わずかの時間でドイツ語をマスターしたのだと思い、驚いている。

武藤はY校のあと、Y専ではなく横浜高商を経て、東北帝国大学に進学したといい、Y校時代に独学でドイツ語を学んだのではないかと推察している。当時武藤からヘルマン・ヘッセの『秋の徒歩旅行』の講読の授業をうけており、自分は悪戦苦闘の最中であったと回顧している（一五頁）。しかし、安藤があこがれた武藤は、二年次のときに中国の北京に去ってしまう。

さて、野田壽雄であるが、『望雲』自体が野田と彼のゼミナール生などが中心になって編集したものだけに、多くの記述がある。若くて学生を紳士として対応する野田に、学生たちは魅了されている（一四頁）。安藤公三郎もそのひとりで、武藤が去ったのち、Y専の自由の灯を守っていた貴重な存在として野田を見ている（一六頁）。

林三喜夫の「思い出すこと」（五八－六〇頁）を見ると、武藤の経済史のゼミナールが解散することになり、野田ゼミナールの一期生のほとんどが武藤ゼミナールの学生で占められている。野田のY専赴任後の初めての授業は額田王の話であったが、皇国史観が支配していた時代に、「壬申《じんしん》の乱」などの講義をしていることが世にもれたらと心配したが、なにもなく安心したという（五九頁）。

また、加藤俊策は部厚いテキストで国語の授業をうけたが、野田は声が小さくて後方の席ではよく聞き取れなかったという。しかし、「立春が過ぎたから、もう厳しい寒さはないでしょう」といわれ、この一言で戦時中の暖房のない教室の寒さから一瞬解放されたという（二七頁）。

この国語の授業については、岩崎俊平の「野田先生の思い出」（二四頁）でもふれられている。〝青白きインテリ〟のような野田の授業は「祝詞」や「宣命」の説明、古事記を中心とするものであった。クラスのなかでは、つまらないから彼を困らせる方法を考えたという。神主になるわけではないので、祝詞などの授業は不要であるのではないか、子供だましの「古事記」の話などだれが信用できるのか、などと質問をしたが、後年、野田には「いうにいえない」時代の背景があったことを思い、自分たちの未熟さを反省している。

なお、その他の教師についての記述は少ない。新関寛夫（法律）の最初の授業の仕方がおもしろく、全員がどっと笑い声をあげた（安藤公三郎、一四－一五頁）ことが述べられている。

興味深いのは、校長前田に関するものである。前田が存続の危機にあるY専のために苦労していたことなどについては、学生が知っていた記述はなく（五六頁）、わずかに、川原一雄の「Y専時代を省みて」（三一－三二頁）を見ると、校長の朝礼などの訓話はタイムリーな内容で理路整然としており、自分の考えをはっきり述べており、大いに共感するところがあって関心をもって聞いたとしている。また、永田昌一郎も「先生の「然《しか》り而《しこう》して」、「好むとを好まざるにかかわらず」等の御言葉は今でも耳に残って居る。その後明治人らしいこういう演説を聞いたことがない。風格ある人と思う」（五二頁）と評している。

14. 一九四五（昭和二十）年の第十七回卒業式

戦争は敗戦というかたちで終わった。もう少し早く終結を迎えることができればと思うが、一九四五（昭和二十）年八月十五日で終わりを告げる。

学校に在籍したまま入隊していたなかで、除隊後、六ヵ月繰りあげの九月二十一日の卒業式に間に合って出席できた人がたしかにいる。『望雲』の「昭和二十年終戦前後の私」の小永井運は、豊橋の予備士官学校の閉校とともに帰省し、九月になって学校に行っている。「九月の上旬に学校にて補講みたいな授業が若干日あって中旬卒業式がおこなわれた」（四〇–四一頁）。彼は最後の授業をうけて卒業式に出ている。

そして、窪寺興一の場合、九月二日に復員し、身辺整理をした後、Y専がどうなっているかと思い、友人に会えることを楽しみに登校している。その数日後の九月二十一日に卒業式がY校の講堂で行われ、ガリ版刷りの卒業証書を授与されている。

しかし、卒業式に出ることができなかった学生もいた。清水保高の「われら戦中派」（四一–四四頁）によると、卒業式が終わった九月下旬に、友人から卒業式で自分の名前が呼ばれたとの電話を受けとり、学校にむかっている。復員したばかりなので卒業できないと思い、次の年の四月から通学できると考えていたが、Y校の事務室に行くと、「ご苦労様」の一言ののち卒業証書をもらっている。

そして、平田誠治は十月初旬に、一年三ヵ月ぶりにY専に登校している。このときに応対したのは生徒課担当の田島四郎である。田島に復学の思いを伝えると、「君はもう卒業しているよ」といわれ、卒業証書を渡されている。「終戦時の粗末な紙質と印刷の卒業証書は私たちの粗末なY専生活を象徴しているように思えて私は暗然とした」(六六頁)とし、自分の〝Y専コンプレックス〟はこうしてはじまったという。

すでに述べた山田ゼミナールの秋本龍美は、金沢八景にあった日本製鋼所での工場動員のあと兵役となり、当時中支・北支といわれた地域をさまよったのち、天津で終戦をむかえている。その後、捕虜生活を経験して、一九四六(昭和四十六)年十二月に日本に帰っている。終戦からすでに一年四ヵ月がたっていた。「早速、母校を訪ねて学年復帰を願い出たが、既に卒業扱いになっていて願いは果たされず、山田先生にすがったが事務上不可能だと宣告され、謄写刷りの卒業証書を持って、涙ながらに帰ってきた」(一三頁)という。ここには、山田のもとで「経済思想史」を学べなかった悔しさがにじんでいるが、「山田ゼミに入ってしぼられた勉強の厳しさ」をかてにして、その後の人生を歩んできたと吐露している(一三頁)。

このように、第十七期の卒業生のなかには、学べなかったことから復学を望む人びとがいたが、結局のところそれは許されず、戦後の混乱した社会に送りだされている。

ところで、この卒業式について教員は、ふれてはいない。教師にとってはあまり思い出したくないことであったのであろうか。それとも、教育の再生を求めて新学期をいかにむかえるかということのほうに関心があったのであろうか。『Y専の沿革と回顧』のなかで「戦争前後」を書いた安彦孝次郎は、十月以降の学校の再開について述べているが、この卒業式については言及していない。

そして、生徒課担当の田島四郎も同じ書のなかで、終戦後金沢八景の日本製鋼所の工場広場で涙をのんで工場動員の解除式をあげ、秋以降に新学期をはじめることにして解散したと述べているにすぎない。田島と光畑愛太は空襲下で入学式をあげ、ただちに学生とともに同工場の追浜寮に入っており、そこで終戦のときまでを送っている。しかし、九月二十一日の卒業式のことについてはやはりふれていない。

学生にとって学習の総決算ともいうべき大切な卒業式が、この年に限ってはこのようなものであった。勤労動員と兵役により、学習できた期間は二年半の就業年限のうちおよそ半分しかなかったのである。平田誠治の〝Y専コンプレックス〟は、これが理由であった。もっとも、日本の高等教育機関はどこもほぼ同じような状況にあった。

なお、この第十七期には、既述の佐藤ゼミナールの宮沢健一や、田島ゼミナールで財務会計のオーソリティとなった宇南山英夫など、その後の日本を代表する学者がいる。横浜市立大学の教師としての筆者も指導をうけた宇南山は、のちに横浜市立大学商学部長として、商学部の発展に貢献した。

15. 終戦直後のY専

『Y専の沿革と回顧』のなかでこれまでとりあげなかった教師に、相原良一（英語担当）がいる。彼の「Y校よりY専へ」（五九―六四頁）は、Y校やY専さらには横浜への愛情にあふれている。Y校出身の相原（四十期）は一九四三（昭和十八）年にY専に奉職しているが、戦中戦後のことを以下のように述べている（六一―六二頁）。

Y専へ奉職することになって、再び懐かしい清水ヶ丘へもどってきた私は、今回の戦争で劇しい戦火の中を、また慌しい終戦後の混乱の中を終始Y専を離れず、学校が爆撃の危険に曝された当時は、万一の時は学校と運命を共にするつもりでいた。私は終始学校の図書館や教場の窓から横浜を見守り、学校を見守って、一日も離れなかった。もし人から後日になって、あの当時の学校はどうでしたかと聞かれたときに、満足な答えが出来ないようでは、他の人は兎《と》も角《かく》、私としては甚だ申し訳ないことだと思って、出来得る限り学校から離れないように心掛け、それを、特にこの私に課せられた義務であると考えていた。幸い学校はその後、戦後の苦しい試練の中に着々復興の一途を辿ってきたことは、私にとって何物にも代え難い大きな喜びであった。

相原のこのような思いなどが根底にあって、Y専の再生がはかられていくが、戦後の混乱ははげしく、まさに苦しい試練のなかでの再スタートとなっている。

田島四郎の「Y専生活十七年の回顧」は、終戦後の学生生活の変化を明らかにしている。戦時中の反動による自由主義、民主主義の嵐のなかで、学生は自主的に生活を送れるようになった。召集されていた学生は学校にもどっている。それだけでなく、陸海軍の諸学校の廃校などにともなう、これらの学校から解放されたいわゆる〝復員組〟も収容することになった。復員組のなかには軍人文化といったものがあり、そのなかで「従来の学生との間の調和ということに大いに弱らされた」（三七頁）という。それは水と油の関係のようであったとされる。

終戦による虚脱状態にインフレ、食糧難、交通難、住宅難が加わり、とくに地方出身者や俸給生活者の子弟は困窮をきわめ、学生はみずから学資などを得なければならず、「アルバイト」を行うことが一般化している。学校もアルバイトの斡旋を行い、学生の救済策としている。そして、「曽《か》つては最も重視した欠席、遅刻、早退等の出欠管理も極めて寛大に取り扱うこととした」（三八頁）。

それでは、「戦争前後」の安彦はどのように見ていたのであろうか。彼も、陸海軍の諸学校から復員した学生のなかに軍人文化に染まったものもいたが、それは一部であったとしている（五四頁）。そして、インフレの進行により、学生がアルバイトをしなければならなくなったことについては、同じように認めている。しかし、とりわけ安彦にとってショックだったのは、優秀であるがあまりにも欠席の多い学生であった。理由を聞くと、家計のために昼夜とも働かなければならないと伝え、その後は登校しなくなっている。そして、「思い出すだにいじらしい悲劇である」（五七頁）という。

このような厳しい状況のなかで、終戦から一ヵ月半後の十月に授業が再開されている。終戦後をY専で過ごした人びとの思い出はきわめて少ないが、それを見ることにする。

安永尊則の「記憶に残るあれこれ」（八七―九一頁）によると、千葉県・土浦海軍航空隊を除隊したのち、十月二十九日にGHQの命令で実施された「軍関係出身者特別編入試」を受験して合格している。これは田島や安彦のいう陸海軍の諸学校からの復員組をさしている。一九四八（昭和二十三）年三月の卒業（十九期）であるから、修業年限は二年半になっているが、在学中は勤労動員や兵役から解放され、自由な身になっている。

彼の思い出は主に四つある。第一は、きびしい食糧難であったので、「買い出し」に精をだしたことである。第二は、田島、安彦が述べた「アルバイト」であり、松根掘り作業、DDTの散布、横浜港の荷揚げ、選挙運動の応援活動などに従事している。そして、第三はサークル活動であり、硬式テニス部と映画研究会に属している。

最後が野田ゼミナールの思い出である。授業には比較的まじめに出席したが、思い出に残っているものは少ないという。野田が自宅でゼミナールを行い、食糧難のなかで食事を提供してくれたことを、「食べ物のご恩は一生忘れない」（九一頁）と率直に述べている。

これに対して、前年の四七（昭和二十二）年三月の卒業生（十八期）は、一九四四（昭和十九）年の入学生であるから、勤労動員や兵役に従事している。「思い出の記」を書いたY校出身の上田忠治は、Y専合格後「Y専は知る人ぞ知る学校なのだと感心した」（七四頁）とし、勤労動員前の授業のなかで印象に残っているものをいくつかあげている。学生たちが〝ラディアン〟の愛称を与えていた佐藤豊三郎の経済学は、数学を駆使して学生は大変であったが、限界効用の授業はおもしろく、また、〝ラブク〟とあだ名をつけられた光畑の英語も印象に残っているという。

そして、林信雄（法学）はくり返し「合法、非合法は歴史的範疇に属する」と述べていたという。さらに、授業中の息抜きに、安彦がかつての学生時代の下宿生活を「なんとなく袴をつけてみたりども、さて行く先もなし土曜日の午後」という歌にしたことに、「穏やかな時代の、なんとなく、焦りとやるせなさを感じさせ、また、懐かしさの感じもある良い歌だと、私は思った」（七四頁）と述べている。そして、「林教授も安彦教授も、平和な時代が来ることを願い、致し方ない当面の時下、自ら秘かに慰めていたのかもしれない」（七四頁）としている。

さらに、学生の憎まれ役であった田島については、気の毒に思い、同情している。「体育系の教師ならば、いざ知らず、著書も多く、簿記会計の分野では、名の知られた先生が、映画で見る六尺棒を持った奉行所の、御用の下っ端のような行動をとっていることが嫌で、憎くもあった」（七五頁）と評している。

上田はこのあと勤労動員と兵役のことにこまかく触れ、さらに終戦後の一年半についても述べている。やはりアルバイトのことを書いているが、他の高等教育機関でも見られた「無能教授排斥集会」がY専でも開かれたときの話は、興味深い。無能とされる教師を明確にさせないままに行われたヒドイ集会であったというが、「青柳君が登壇し、「己を知れ」と先哲の言葉を引き、自分たちはおのれにどれほどの学力があるかを省みたほうがいい」と、見事なスピーチを行っている。

この演説により集会は解散され、二度と開かれなかった。「青柳君は、其の後、会計学者になった」（八〇頁）としているが、それは、宇南山英夫とともに横浜市立大学商学部の会計学を支え、さらに日本の会計学の革新（イノベーション）に貢献した青柳文司（十八期）の若き日の姿であった。

そして、上田が講義内容で思い出に残っているのは、野田のヘーゲルの精神現象学や唯物弁証法であった。

彼は、一九四八（昭和二十三）年に『唯物弁証法入門』（研進社）を出版しているが、上田はこの弁証法だけでなく、聖書の「すべてよかざるはなし」（all is well）の話を聞き、影響をうけている。野田の弁証法とオール・イズ・ウェル、そして林の「合法、非合法は歴史的範疇に属する」を、ものごとを考えるときの基礎にしてきたので、困難にぶつかっても、絶望を感じることはなくなったという（八一頁）。

同じ十八期の植松国男の「若き日の遍歴」（八一―八四頁）は、戦時下であったので入学時から半年間は、勉強して真理をさぐるよりは、戦争に行き立派に戦うための準備であり、自分自身も大川周明の皇国史観に凝り固まっていたとしている。勤労動員後に入隊し、復員後の十月に学校にもどっている。

食糧難であり、休講も多かったが、講義は軌道にのりはじめている。彼にとって印象に残っているのは、山田長夫の経済原論であった。授業中にベートーヴェンの第五番シンフォニーを聞かせてくれ、文化的雰囲気に飢えていた当時の学生は感激で一杯になったという。また、道義の時間に『三太郎の日記』を講じてくれた安彦の授業に感銘をうけている。

簿記や会計学などにはあまり関心がなく、文学好きであった植松には、復帰した早瀬利雄の「社会学」、野田の「哲学史」、武藤の「経済史」などが面白かった（八二―八三頁）としている。

『望雲』にはさらに、一九四六（昭和二十一）年入学、四九（昭和二十四）年卒業（二十期）という「終戦後組」の人びとなどの寄稿も見られる。宇山豊春の「野田先生との出会い」は、戦後の混乱のなかで人間不信に陥っていたが、野田の『方丈記』の授業で、自分のなかのうっ積していた心が雪どけのように消えていったという（九三―九四頁）。

また、佐藤益彦の「私のY専時代」は、入学したものの、食糧事情もあって、アルバイトをしながらの学生生活であった。後年、森ビルの経営者となる森泰吉郎の「国際貿易論」の授業にはあまり関心をもてなかったが、小原、早瀬、佐藤などの歯切れのよい授業に好感をもつとともに、野田の影響を強くうけている。野田の当時の関心は広く、彼からドイツのイデオロギーや日本資本主義発達史を教えてもらっている。

クラブ活動は文芸部に属し、前年に発行された『Y専文芸』（第二号）に小品「巡礼」を書いている。佐藤はこのほかに、当時共産党の活動が活発で、その夜間講座にも出席して時代の流れをかぎとっている（九四―九八頁）。

「Y専と私」（一〇五―一〇七頁）を書いた鳥居忠雄は、入学した翌一九四九年の十月、Y校の創立六十五周年とY専の二十周年記念祭を実施する委員会にかかわったことを述べている。所属していた新聞部はこのイベントの広報活動を担当するとともに、児童文化研究会を発足させ、記念祭で周辺の小学生を対象に児童劇「野口英世伝」を見せている。Y校講堂は小学生で満員になっており、当時は楽しみのない時代であったので、子どもたちの喜びは大きかった。

記念祭が終わると、横浜市が授業料の値上げをもちだしてきた。学生運動が盛んになっている時期でもあり、横浜市内では横浜高商、横浜商工、横浜専門学校、関東学院、それにY専を加えて、いわゆる「全学連」という運動組織が結成されている。もっとも、横浜高商と横浜専門学校が主導した活動は、共産党的な色彩が強かったため、Y専生の考えとは必ずしも一致していなかった。そこで、Y専の学生は独自の運動を行い、当面の授業料の値上げ反対に集中している。

なお、鳥居はその後の活動の変化についても述べている。それは、Y専の終わりにつながる新制大学への移行に関するものである。具体的には、発足する大学をどこにおくかという立地の選定であり、軍の施設跡地であった本郷台駅周辺と現在の金沢八景周辺の二つの候補地について、校長の前田とともに再三横浜市と交渉・陳情を行っている（一〇七頁）。そして、復刊した学生新聞も大学昇格へのキャンペーンを張り、運動を支援している。

この大学への移行については、前述の宇山はその当時田島にかわって生徒課長になっていた野田のことを、「市立大学の準備でご多忙だったのでは」（九六頁）と書いている。つまり、学生たちも大学にむけての動きについて気づいていたことになる。

この時期は混乱で特徴づけられるが、学生は貧しいなかでも自由を実感できている。その象徴となったのが、Y校でダンスパーティが開催されたことである。創立以来はじめてと思われるダンスパーティは、校長前田の反対を説き伏せた野田のサポートなどもあって、大盛況に終わっている。暗い時代ではあったが、若者たちが集まってこの一大イベントをつくりあげている（今井信夫「南方経済科からY専へ」（九二－九三頁））。そして、山本恭之助の「Y専時代の思い出」（一〇七－一一〇頁）でも、自分の性にはあわなかったが、学生自治会の委員のひとりとして、このパーティの受付係を担当している。

このように、同じように混乱期とはいえ、十八期、十九期と二十期（終戦後組）とで、明らかにちがいが見られる。

16. Y校校長・山田瑛の見た教師たちの回想

『望雲』には、一九四七（昭和二十二）年入学、一九五〇（昭和二十五）年卒業（二十一期）の山田瑛の「斜影」（一一九－一二四頁）が特別寄稿として掲載されている。彼はY校の教員としてキャリアを積み、一九八八（昭和六三）年四月にはY校校長となり、一九九〇（平成二）三月に退職している。

この寄稿は彼の含蓄のある戦後論というべきものであるが、そこにはY専の教師に対する回想も含まれており、そのなかには、若干きびしいコメントも述べられている。

彼がとくに感銘を受けた授業は、「アメリカ事情」の小原敬士と「商法」の竹内敏夫のものである。それは教養豊かで、どれほど拝聴しても、知の空腹をいやすことができないほどの余韻を残す授業であり、およそ四半世紀後に出版された木村尚三郎の『西洋文明の源流』とくらべても劣ることなく、当時のY専の学生が求めたものは、まさしく竹内の「西洋文明の実像」であったとしている。そして、早瀬利雄の授業もインパクトが大きかったが、それとはほとんど別のものと感じている（一二三頁）。

田島については、「三度いっても理解できない人は三％しかいない」と学生にむかってきびしく発言していたが、それを、詰めこみ主義の授業の典型であると評している。一九六五（昭和四十）年頃、山田は高校生むけの田島の会計（簿記）の教科書作成に、宇南山英夫とともに支援している。しかし、田島の簿記は「各論」中心で「体系」がなく、商業高校以外の生徒には学習がむずかしいものであったという。

そこで、簿記の体系を経済循環関係から導いて、自身で『簿記会計の学習』(同文舘)を出版したが、このときすでに田島はこの世を去っており、あとの祭りであったという。バランス感覚がないために、東洋の暴れ者になってしまった日本人に反省の念をもつ山田にとって、各論だけの田島の簿記には限界を感じていたのである(一二一頁)。

山田長夫については勤労動員で勉強することができなかった学生をつかまえては、ドイツ歌曲のリンデンバウムを知らないのかと詰め寄っているが、知らなくても仕方がない時代であったのであろうにと山田瑛はいう。しかし、そんな「山長さん」の厳格な授業にもコツがあって、前列から三列目あたりまでの中央の机に座っていれば、決して指名されなかったが、一方、「君は、見たことのない学生だね」といわれたら、おしまいであったという。

中国語担当の田仲益見については、彼からは「中国語」のみならず、「中国文化」の高説を聞いたという。そして、田仲が亡くなるまで、Y校で中国語を担当してもらっている。

山田にとって、前田新太郎も思い出の教師のひとりである。戦争は経済力の差で負けたと聞いてY専を受験したがものの、山田本人は動員ぼけで、「経済」という言葉さえその意味がわからずに入学している。慶應義塾の小泉信三の経済学の入門書を読んだが、よく理解できなかったという。しかし、前田が黒板の前で考えこむ姿を見てから、「わからない」ことをはずかしいとは思わないようになったとしている。

そして、中山伊知郎の教科書にでていた「均衡理論」を前田から聞いたほかに、森泰吉郎から貿易論などを教えてもらったが、一九五五(昭和三十)年代の高校の教科書に、それらの内容が登場するようになり、このときには、Y専時代の授業ノートがあたり前のものになっていたという(一二二頁)。

さらに、経営管理論担当の笛木正治に、人事管理論を中心にしたアメリカの最新の研究を教えてもらっている。しかし、それらは一九五五年代の商業高校の経営の授業を展開するには無理があったと述べている。そして、笛木の紹介もあって、日本経営学会の場で戦前の短期間Y専に勤務していた山城章とも対面している。また、田島が笛木に、会計学と経営学の接点を探求するように話したことを覚えている。

山田による教師の思い出はつづく。校長の前田は理想主義者・孫文の三民主義の話をしている。そして、林信雄は「信義誠実の原則」を重視していた。この両者の共通点は、チョッキの胸ポケットに親指を突っ込むポーズであったが、理想主義者でモラリストの系譜に属する点でも、両者は共通していたと評価している（一二二頁）。

林の教え子である石川利夫（民法）は山田瑛の恩師であり、その当時、ソビエト法の正義の概念の究明に挑戦し、法曹制度学派に関する東西の研究の接点を探求していた。石川の自宅へは、卒業後も柳下勇、宮沢健一などとともに訪問している（一二二頁）。

野田からは、井原西鶴の『世間胸算用』を教えてもらっている。しかし、商業学校出身以外の多くの学生にとっては、「商売も才覚も打算も、その感覚が理解できません。もし田島先生の簿記が、もう少し経済のバランスの仕組みを適切に教えてくださっていればと残念に思ったりしています」（一二二－一二三頁）とあり、それは正直な感想であろう。

そして、憲法担当の教師の授業は憲法の成立過程を述べるだけで、学生たちが聞きたいと思っていた自由や民主主義の本質について語ってくれなかったと不満を述べている。アメリカが日本に提示してきた自由と平等、政治における民主主義が新憲法の骨格にあり、それが当時の学生の関心のまとになっていたからである。

山田の回想にはこのほかに、新制大学に移行するなかで、笛木正治に代表される、新たに採用された教師の名前があげられている。

17.『望雲』における当時の教師生活

『望雲』はY専卒業生の思い出を収録した文集であるが、冒頭に野田の「昭和二十一年日記抄」(一―九頁)が載っている。それは、終戦の翌一九四六(昭和二十一)年の夏休みの日記(六月三十日から九月二十三日まで)である。この日記を見ると、戦後の混乱期をY専の一教師がどのように生き、生活していたかをうかがい知ることができる。

野田は、当時久保山に一軒家の半分を借家していた。経済的な状況はきびしかったが、研究活動に専念しており、夏休み中であったが、Y専だけでなく、関東学院の学生などの指導にも熱心にあたっている。

まず、経済的な状況からみていくと、「今日月給を呉れる」(七月十九日)、「学校にゆき、俸給を貰う」(八月十七日)のほか、「学校にて月給呉れる由に出掛けたるも会計不在」(九月十七日)、翌日「学校にゆくも月給貰へず」(九月十八日)とある。後日受領したようであるが、その点は書かれていない。

また、七月十二日に「本日ボーナス六百円程貰う」とある。そして、「弘明寺の本屋にゆき古本四十五冊売る。わずか二十円にがっかりする」(七月一日)と。物価も高騰し、「トマト二箇十五円に驚く」(七月八日)、「泥鰌《どじょう》を買う。百匁二十五円にて妻が驚く。数年ぶりにて楽し」(七月十一日)と書いている。さらに、買い物のことだけでなく、親しい人びととの間で食料品のやりとりがあったことや、ご馳走をしたりしてもらっていたことで、苦しいなかで互いに助け合っていたことを明らかにしている。

生活のためのインフラも十分ではなく、衛生状態もよくなかった。「水道昼間は出ず、夜注水。行水す」（七月二十日）、「夕刻、渡部医師来り一家にコレラの予防注射をしてくれる」（七月二十四日）、「午前、家ダニ退治のため天井掃除をする」（九月二十二日）とある。そして、盗難にもあっている。「空き巣にレインコート盗まる」（七月四日）、「朝、栽培せし南瓜を盗まる」（八月二十二日）と書いている。

それでは、このような環境のなかで、野田はどのように研究活動を行っていたのであろうか。この日記によると、毎週金曜日は午前中に大体教授会が開かれており、出席している。たとえば、「教授会出席。山田、佐藤、相原氏に会ひ、夕刻まで話す」（八月二十三日）とある。教授会のあと、山田長夫、佐藤豊三郎、相原良一などと議論していることがわかる。

七月十二日は金曜日ではあったが、夜間の英語専修科の入試があり、教授会はなかった。「午後、早瀬、佐藤氏と書庫の三階に登る。アメリカ関係の原書数冊借りる」とある。

夏休みに入って間もない七月二日、学校で早瀬、相原、佐藤と会い、アメリカ思想体系の相談をする。「小生の担当はミードの行動主義哲学なり」とあるが、七月だけで、田辺元著『ヘーゲル哲学と弁証法』（四日）、三木清著『文学史方法論』（六日）、中川芳太郎著『英文学史』、河合栄治郎著『学生生活』（八日）、『芥川龍之介全集（第五巻）』、杉村広蔵著『哲学と経済学の交渉』（十六日）、ラスキー著『自由主義の勃興』（十七、十八日）、池上謙三著『文化哲学基礎論』（三十日）などを読んでいる。

暑くて読書しづらい八月にも、アリストテレス著『形而上学』（三日）、羽仁五郎著『明治維新』（十三日）、山内得立著『現象学叙説』などを読んでいる。

当然のことながら、本の購入も熱心に行っている。市内だけでなく、東京に出向いて本を購入している。

たとえば、「帝大〔東京大学〕図書館にゆく。本郷前で「江戸文学と支那文学」、「平賀源内全集」、「歳時記」などを買う」（七月二十七日）、「東京に行く。神田にて本を買ひ、また〔東京〕大学図書館にゆく」（八月二十一日）という。

また、研究成果の公表にも余念がなかった。夏休み初日（六月三十日）に「近藤忠義氏を訪問。朝日新聞社の「古典全書」の打ち合わせをなす。日本評論社の「古典読本」の担当も頼まれる」、「朝日新聞社を訪る。古典全書編集長李家氏と会う。原稿用紙千枚貰う」（七月五日）、「午前上京。帰りにペリカン書房に寄り自著出版の打ち合わせなどする」（七月十五日）、「ペリカン書房に「江戸時代小説史論」の出版を頼む」（七月二十二日）、「午前東京にゆく。本郷に行ってペリカン書房を訪ねる。「江戸時代小説史論」は本年暮刊行とのこと」（八月八日）とある。

そして、教授会のあった九月六日には、山田、佐藤、相原と語りあっているが、自分のゼミナールについて書いた感想を収録した、復刊したばかりの『横浜経専時報』が刊行されたと述べている。

さらに、学生に対する教育活動について見ると、夏休みに入ってもゼミナール（二年生）の指導にあたっている。夏休み中で参加できない学生もいたが、「午後、自宅にて二年ゼミナール」（七月十日）を行い、四名の学生が各自発表している。「明治経済史関係多し」という。

七月二十日午前は二年生ゼミナールがあり、午後は三年生が来宅している。そして、七月二十八日、八月四日、十日、十一日、九月八日、十日、二十二日などに数名の学生と会っている。このほかに、学生が個人として野田の自宅を訪問している。さらに、八月二十五日には関東学院のクラス会にも参加している。このように、野田の学生との関係はきわめて密接であり、土曜、日曜もない生活であり、教育に打ち込んでいるのがうかがえる。

このなかで、九月八日に「午後、安藤公三郎、加藤俊策、斎藤慶司君三名来る」と書いているが、ここに出てくるＹ校出身の斎藤慶司は当時三年生で、翌一九四七（昭和二十二）年に、慶應義塾大学に進学し、Ｙ校の教員や慶應義塾大学大学院を経て、のちに慶應義塾大学商学部教授になっている（永瀬武稿「スピリット」、『Ｙ校百十年』、三一一―三一三頁）。

熱心な指導に学生たちは心から感謝していたのであろう。七月十九日のところを読むと、「午後、上京。田村広、加藤俊策、安藤公三郎、林三喜夫、鈴木進の諸君の招待にて、帝劇〔帝国劇場〕の「真夏の夜の夢」を観る」と書いている。土方与志の手堅い演出であったが、舞台が狭くて効果がなかったと評している。しかし、そこに至るまでの学生側の大変さを思うと、それはまさに教師冥利の招待であったと思える。

なお、野田の夏休み日記には、家族や親族などの個人的な事情のほかに、さらに二つのことが明らかにされている。その一つは、アメリカの影響がでていることであり、アメリカの研究書を読むだけでなく、「配給に進駐軍のメリケン粉があった」（七月十一日）、「進駐軍で働いている人からベーコンをもらった」（七月二十八日）、「米軍のシチューをご馳走になった」（八月十七日）、「アメリカのタバコをもらう」（八月二十九日）などと記している。

もう一つは、終戦によって日本は平和となり、文化的なものを求める動きがうまれていることである。すでに述べた「真夏の夜の夢」を観たあと、七月二十二日の上京の折に、銀座でアメリカ映画「カサブランカ」を観ている。「アメリカ映画はテンポと感情があって面白い」という。

九月五日には、院展、二科展、江戸趣味展覧会のために、東京の上野に出向いている。「〔前田〕青邨の「鯉」

中村香似「蛍」等目に残るもの多し。平等院の雪景色、牡丹の大作、朝顔などなかなか良し。〔横山〕大観は「樹海」の富士、雪中の竹と梅の古木を描いて低調。二科展は面白くなし」と評価している。

さらに、十九日には「シネマパレスにて「情熱の航路」を観る」、二十二日には「午後、横宝〔横浜宝塚劇場〕にて「商船テナシティー」を観る。むかし、林文雄君と〔東京の〕本郷座にて観し頃を思い出す。良き映画なり」としている。このように、戦時中にはできなかった心の豊かさを求めることが再びできるようになっている。

なお、この日記には、「後註」がついている。当時横浜は焼け野原の状態であり、進駐軍のキャンプがあちこちにできて、町はアメリカ兵であふれている。そのなかでY専は復活を目ざしていたが、自身については学生になにを教え、どのような方向に進ませるかに悩んでいたと吐露している。

自分の専門は文学であるが、もっと根本的に人間とはなにか、科学とはなにかを知りたくて「乱読」したのだと野田は述べている。そして、教育は教壇から天下り的に知識を与えるものではなく、人間と人間のぶつかり合いだという信念のもとに、学生に接触していたのだという。日記はまさにそれを素直に示している。

18. 『Y専の沿革と回顧』におけるY専の再生

校長の前田は「Y専二十三年の思い出」の最後の部分で、Y専の再生についてつぎのように述べている。「昭和二十年の終戦で世相は又大回転を遂げた。商業と商業教育とは再び安泰であり、我々の学校は他の専門学校と共に新制大学となる情勢が馴致《じゅんち》せられた。昭和二十二年十月〔Y校の〕開校六十五周年を我々は落ち着いた気持ちで希望を以って記念祝賀した」（一七頁）。

ここには、簡潔とはいえ、前田の本当の思いが吐露されている。前途はわからないが、戦時下のきびしかった制約から解放され、Y校六十五周年とY専二十周年を祝えることができた安堵感が漂っている。そして、Y専の大学になることへの期待もこめられている。

そして、「Y専と私」のなかで早瀬は、終戦によって自由の身となったのち、ただちに前田と対面し、学校への復帰の希望を伝えている。また、終戦後のY専の再建が港都横浜の復興につながるとの確信のもとに、横浜経済研究所の再生に彼は関心をもっている。前田はこの考えをうけ入れ、早瀬は一九四六（昭和二十一）年一月にY専に復帰し、研究所の主任になっている。この時の彼の喜びはいかばかりであっただろうか。

早瀬はいう。「間もなく、小原教授も復帰された。研究所機関誌、Y専研究会の機関誌の再刊、新聞部の復活など私たちは戦前の態勢をいち早く取り戻した。専門学校の機関誌として恐らく我国で最も早く復活し得たものではなかったかと思う。教授陣容の拡充も次第に成り、教室もY校から元のY専校舎に移転し、幸に焼け残った図書館書庫の修理などを行った」(二七頁)。

彼のこの記事を読むと、Y専再生の足音が確実になっていることが聞こえてくる。早瀬は『Y専の沿革と回顧』のなかで、「第一部　Y専の沿革概要」も書いているが、ほぼ同じような指摘を行っているが、その記述は、喜びをおさえたたんたんとしたものである(九頁)。

暑休明け十月早くも学園復興はその緒についたが、本校校舎は戦時に市立医専の占有につづいて一時軍の占有に属したため、著しい破損を受け、Y校々舎も戦時中空襲罹災者の臨時収容所となり、終戦後一部は食糧営団の倉庫となりたること等のため損害無数、Y専との共同使用下に両校共多くの不便を忍ばなければならなかった。

昭和二十一(一九四六)年に及んで次第に学園の秩序は回復した。Y専は戦災で校長公舎、研究所、図書館、学生集会所、同食堂を失ったが、幸い校舎と二万冊余の蔵書を容れた書庫とが無事であったために秩序の回復が速やかであった。今年度から、Y専は木造校舎に移転し只管修理と整備につとめた。同年九月学生新聞〔『横浜経専時報』〕の復刊第一号の刊行されたこともここに付記しておかなければならない。

すでに述べたように、Y専は存続のために学生定員の半数化を行うとともに、経済専門学校(経専)と改称し、この時期も経専のままであった。それと同時に、建設当初から学生には満足ではなかった木造の二階建校舎は医専に明け渡し、さらに軍の占有に移っており、その間Y専は再びY校校舎に同居していたが、ようやく専用校舎に戻っている。自分たちの校舎に帰ることは、破損していたとはいえ、Y専の教員と学生にとって大きな喜びであったにちがいない。

二つの記述からは、戦災で多くの施設を失っているが、図書館の書庫が焼け残るという幸いが示されている。そして、研究所の機関誌の再刊や、学生新聞〔前述の「横浜経専時報」〕の復刊などが比較的早く行われ、さらに、早瀬の復帰、新教員の採用によって、スタッフが充実したことも明らかにされている。

「Y専と私」のほうでは、翌一九四七（昭和二十二）年になると、初の公選市長となった石河京市はY専に関心があり、経済研究所は横浜市立経済研究所として独立予算を獲得している。当然のことながら、「私たちは研究所が横浜市民の活用する機関となり、又卒業生の勢力とも深く結びつくことを念願した」（二七頁）。また、横浜経済懇談会を組織し、ビジネスパーソンと接触する機会をつくり、それとともに横浜貿易協会とタイアップして学生の貿易研究会を指導している。さらに、「学内教授の研究発表会と共に例年のごとく市民公開の講演会を開催した」（二八頁）。

このようにして、一九四九（昭和二十四）の新制大学発足までに、経済研究所は大学の研究所に移行するだけの力量をつけるに至っている。当時、新制大学発足時に研究所をもっている大学は少なく、それは「母体たるY専の発展の大なる賜物」（二八頁）であるとしている。

この同じ時期（一九四七年）について、「Y専の沿革概要」のなかで早瀬は、Y専が復活しはじめ、次第に昔の面影を回復して、六月から七月にかけて研究所が新制中学校の社会科教員の講習会を催したこと、十月にY校の六十五周年の記念祝賀会がきわめて盛大に開催されたこと、十二月には研究所主催のアメリカ研究講演会が行われたこと、などを明らかにしている。

それでは、戦後Y専に復帰したもうひとりの小原の思い出は、どのようになっているのであろうか。彼の記述は以前と同じように必ずしも多くないが、きわめて思いのこもったものになっており、それだけにY専再生の動きを確実に知ることができる（七八頁）。

戦争が終わり、学校から復帰をすすめられると、私は歓んで学校に帰ってきた。そして、図書館と研究室は焼けたけれども校庭の公孫樹《いちょう》は戦火にも焼けず、すくすくと成長しているのを見出した。それと同じように古い同僚の幾人かはいなくなっていたが、その代わりに新しくきた数人のすぐれた学徒がY専の学燈を守り続けているのを見て心から嬉しく思った。私はその後、『研究論集』の復刊、同僚の論文集『近代雇用理論の展望』の出版、Y専を母体とする横浜市立大学の誕生などをみてから、えにしの深いY専から去ること〔一橋大学への転出〕を許してもらった。しかし、Y専は私にとって永久に忘れがたい存在である。

一九四〇（昭和十五）年十月検挙によって学校を去り、その後のY専のことは知らなかったという小原であるが、再生期のY専にとってきわめて重要な役割を果している。たとえば、早瀬が指摘したアメリカ研究講演会でも、Y専から小原と早瀬がスピーカーになっている。

つぎに、田島四郎の思い出を見ることにする。終戦前後のことについてはすでに述べたので、ここではY専の新制大学への移行時の苦労を明らかにしたい。長年の生徒課担当から教務課に移った彼は、Y専の大学昇格のメドがついたところで、責任者としてこれまでの制度のまま三年間で卒業する学生への対応と、四年制の大学に進みたい学生をスムーズに進学させるための対応に悩まされている。そして、前田校長や他の教員の配慮と努力によって、両者の問題をクリアすることが可能になっていると述べている（三九頁）。

会計学のオーソリティとして知られる田島のY専生活の大部分は生徒課であり、学生指導にまじめに取り組んだ彼は、学生や教員の一部から良く思われなかったこともあり、この回顧のなかでもそのことを気にしている。役割上きびしく学生に対応しなければならない教師の姿がそこにあり、若いときに授業をきびしくコントロールしたことのある筆者としても、田島に対して共感と同情の念を禁じ得ない。いずれにせよ、田島のこの時期の思い出の一つは、新制大学に移行する際の学生への対応についてであった。

そして、もうひとり、Y校、Y専、そして横浜への熱い思いを述べたのが、相原良一である。戦時中万一のときに学校と運命をともにするつもりでいた彼は、早瀬とはちがって、Y専の具体的な再生については一切ふれてはいない。むしろ、新制大学への移行によってもY専はなにも変わっておらず、別物になったという感じはないとしている。

横浜や神奈川というローカルな地域のY校から、全国の学生を集めるY専が誕生し、「第二次大戦を契機として、更に第二の脱皮をして、市大商学部へ成長したと考えるとき、私としては、之で学校がなくなってしまうのだという暗い感じよりも、むしろ、次々に旧套《きゅうとう》を脱して成長してゆく、生命力の方が強く感じられて、寧ろ明るい感じがする」（六三頁）としている。

彼の記述でもう一つ注目すべきは、Y専の底流にある校長前田が重視した自由主義の精神であり、それが教員間で共有され、続いていることを指摘していることである。それは、早瀬や小原などが強調しているアカデミズムの継続とともにY専の特徴であり、この二つがY専には並存していた。

自分を育ててくれた横浜市は関東大震災や戦災によってひどく貧乏になり、「学校は何時も最低生活に甘んじなければならなかったが、学校全体の空気は、どことなくのんびりしていて、くったくがなく、万事にこだわりがなくて朗らかだった。〔中略〕このくったくのない融通無碍《むげ》な性格の奥には、常に自由主義が底流していて、ひどい型破りや、強いてある型に押し込もうとする力が働くと無意識の間に反発したようである」（六四頁）としている。つまり、戦後の混乱期にあっても、この二つの精神はしっかりY専には生きつづけていたのである。

以上が、『Y専の沿革と回顧』における教員の思い出であるが、このなかからいくつかの点について説明をつけ加えたい。

その一つは、校長前田が述べたY校六十五周年である。『横浜経専時報』（第十一巻、一九四七（昭和二十二）年十二月一日）によると、それは十月二十四日から二十八日までの五日間に及んでいる。初日の二十四日はY校講堂で記念式典を行い、二日目の二十五日は文芸部の児童綴方発表会、演劇部の公演が行われ、そして、二十七日までの三日間つづいたダンスパーティを開催している。このパーティは15・で今井信夫や山本甚之助が述べたものである。

三日目の二十六日はYMCAの講堂で名士講演会が行われ、高垣寅次郎の「日本貿易の進むべき道」、高橋誠一郎の「福沢諭吉の『帝室論』」の二つのプログラムが実施されている。他方、Y校講堂では音楽会「独唱と合唱の午後」のほか、児童文化研究会の発表会などが行われている。この発表会については、15・で鳥居忠雄が述べたものに符合している。また、野球部のOB戦や、中等学校の珠算・庭球・卓球の競技大会も行われている。

四日目の二十七日はY校講堂で学内講演会が行われ、講師と演題は早瀬利雄「アメリカ独立宣言の現代性」、佐藤豊三郎「最近のアメリカ経済学」のほか、学外から大道安次郎「スミス経済学の現代的意義」の三本であった。この日には、貿易研究会の研究発表や演劇部の英語劇の公演も行われている。最終日の二十八日にはインターゼミ研究会、新聞部の「話の泉」、ラグビー部の対横浜専門学校戦、市内中等学校討論会の決勝戦などが行われている。

終戦から二年しかたっていないが、Y専とY校は協力して、まさに〝オールY校〟として力を結集し、多様なプログラムからなる記念イベントをみごとに成功させている。そして、これは終戦後の混乱した時期におけるY校とY専の再生を示しているが、さらに、学校関係者だけでなく、横浜の一般市民にとっても明るい希望の光になっている。

二つめは、早瀬が指摘した小原の復帰と、早瀬と小原が主張した教員スタッフの充実によるY専の教育面での再生である。六年ぶりの小原の復帰は一九四六（昭和二十一）年十月のことであり、翌十一月の「アメリカ経済」の初講義で、情熱をこめた言葉を学生に対して与えている（『横浜経専時報』第三号、一九四六年十一月十五日）。

灰塵に帰した横浜、Y専、さらに日本を興すものは諸君等学生である。諸君は須らく大望をもってもらいたい。〔中略〕然し、それは空虚な、形式だけの望であってはならぬ。真理と正義とによって裏付けられた人格をもった大望でなくてはならぬ。〔中略〕真理と正義とを堅持することによって敗戦の祖国日本を再建し、再興し、社会人類をより高い地位に引き上げるべき責務のあることを銘肝し、学校に居る間は熱心に勉学に励んでもらいたい。

彼は真理と正義にもとづく大望をもって、祖国日本だけでなく、人類のために貢献することを学生に強く訴えている。そこには、終戦後の世界平和、民主主義、日本の復興への強い思いが格調高く表明されている。

小原の復帰はY専の再生につながるが、この時期新たなスタッフも加わってくる。『横浜経専時報』（第五号（一九四七年三月十五日）、第十四号（一九四八年三月十六日）などで、一九四七（昭和二十二）年度の開講ゼミナールを見ると、安彦孝次郎、早瀬利雄、田島四郎、森泰吉郎、山田辰夫、定方鷲男、吉田彌男、前田新太郎、野田壽雄、相原良一、田仲益見、佐藤豊三郎、笛木正治や復帰の小原敬士のほかに、河本博介（貨幣論）、岡林弘一（中国経済史）、長屋有二（配給論）、岩崎重男（社会政策・社会学）、柳下勇（社会学理論、Y専十四期）、が新たに加わって、ゼミナール指導が熱心に行われている。

食糧難やインフレの進行などによってきびしい状況におかれていたが、戦時中に勉強ができなかった当時の学生たちの知的な欲求はきわめて高く、懸命に学習している。一九四六（昭和二十一）年十二月には、ゼミナールの代表者による学内のインターゼミ研究会が開催されている。このときの研究会はきわめて熱気あふれるものであり、報告者のなかに「無能教授排斥集会」を解散させるスピーチを行った田島ゼミナールの青柳文司と一杉哲也がいた。のちに青柳とともに商学部教授となる一杉は、佐藤豊三郎のゼミナールに属し、「経済発展の基礎構造」をテーマに発表している。教授だけでなく、学生もそれぞれ懸命に努力している。

Y専のもう一つの再生は、いうまでもないが、研究面であり、アカデミズムに関するものである。早瀬が指摘したように、経済研究所は市長石河の支援もあって、新制大学横浜市立大学発足の基盤になっている。とはいえ、教育だけでなく、研究を行うには十分な環境とはいえなかった。機関誌などに研究成果を発表しようにも、外部要因ともいうべき紙の絶対的な不足と印刷費の高騰などがあって、印刷物をつくること自体がきわめて困難であった。これまで引用してきた一九五一（昭和二十六）年の『Y専の沿革と回顧』の現物を現在の著作物と比較してみると、それがきわめて粗末なものであることは一目瞭然である。

『横浜経済研究所時報』の復刊第一号（一九四七（昭和二十二）年四月）に「復刊の辞」を書いた校長前田の言葉は印象的である。一九三三（昭和八）年の『月報』の第一号から通算して四十号目にあたっているが、三十九号は一九四一（昭和十六）年の発行であったから、六年ぶりの復刊になる。

前田の喜びは大きかったと推察されるが、「復刊第一号成るを告ぐ」ではじまる文章は、けっして長くはないものの、その決意は固い。「今日こそ学者が一層書斎に閉籠《とじこも》ると共に一層街頭に進出して日本経済再建に努力しなければならない秋であり」と述べている。そして、この復刊第一号は、戦前のY専が成果をあげた「アメリカ研究」を特集にし、以下の内容からなっていた。

この四十号の巻末にある研究会の開催案内を見ると、教員による研究発表と討論を行うことを予告しており、Y専のアカデミズムが明らかに再生しつつあることがわかる。そして、アメリカ研究がやはり主なテーマになっている。

なお、『横浜経済研究所時報』は、横浜市立大学への移行にともなって、一九五〇（昭和二十五）年二月から『経済と貿易』と改称されるので、前年の四十四・四十五合併号（一九四九年九月）をもって終了している。『経済と貿易』の第一号となる通巻四十六・四十七号（一九五〇年二月）も、「アメリカ研究」を特集しており、四十二・四十三合併号（一九四九年九月）などにも、アメリカ研究の成果が多く収録されている。つまり、アメリカ研究の伝統が残っていたのである。

19. Y専は輝いていた！

横浜市立大学図書館に、ボロボロになってしまった大学発足時の『横浜市立大学要覧』（昭和二十四年度）が一冊だけある。冒頭の沿革大要を見ると、一九四七（昭和二十二）年三月の学校教育法の施行によって、横浜市は市立専門学校の大学昇格の準備をスタートさせている。

戦後の民主化、行政の地方分権化とともに、大学教育行政の地方への委譲が進められるのではないかとの期待のもと、横浜市は市内に所在する四つの官公立専門学校――横浜高商（工業経営専門学校）、横浜高等工業学校、Y専（横浜経済専門学校）、さらに一九四七（昭和二十二）年七月に開校したばかりの旧制度の大学令による横浜医科大学の予科――を統合して、「横浜総合大学」を設立する方向で動きを進めている。しかしながら、大学の地方への移譲は無理であることがわかり、この統合案の実現は困難になってしまう。

そこで、横浜市は検討の結果、市立のY専と医科大学および予科の二校の統合だけを目ざして大学を設立することとし、一九四八（昭和二十三）年七月に文部省に大学設置の申請書を提出している。翌年二月、横浜市立大学は商学部と医学部設置の指令を文部省からうけている。ただちに開校の準備を行い、校地は国からの払い下げをうけて、横浜医科大学予科が使用していた金沢区六浦町四六四六・元海軍航空技術廠跡の土地建物とし、四月下旬に入学試験を行い、六月一日に第一回の入学式を挙行している。

医科大学と予科は旧制度の大学令にもとづくものであったために、予科は在学生の卒業をまって、一九五一（昭和二十六）年三月に閉校している。また、Y専校舎のあと地・南区浦舟町二丁目に移転していた医専を継承した医科大学は、翌五二（昭和二十七）年度から新制医科大学にきり替わって、横浜市立大学医学部として包括されることになった。

そして、Y専は一九四九（昭和二十四）年四月に、「横浜市立大学商学部に発展し、昭和二十六年三月現在の在学生卒業を待って廃校となる予定である」（三頁）とされている。18．で、田島がY専の大学昇格のメドがたったところで、これまでの制度のまま三年制で卒業させるか、新制大学の四年制に進学させるかの対応に悩んでいたと述べたが、過渡期にはこのような問題がでていたのである。そして、Y専最後の入学生となる一九四八年組の二年修了者は、新制大学の二年生に編入されることになった。

このようにして、Y専は二十三年というその短い歴史を終えている。Y専にとってY校の存在はきわめて大きい。Y校がなければY専は存在しなかった。Y校の昇格があってY専が創立され、商業教育の高等教育化を推進してきた。つまり、キャンパスも一時期Y校に同居していたので、二校あわせて〝オールY校〟といわれて当然のことであった。

もっとも、Y校関係者の思いとは別に、Y専の創立は思ったほど迅速に進まなかった。官立高商のなかで横浜高商の設立が遅いほうであるうえに、それに刺激をうけてY専づくりが行われたが、関東大震災の発生によりさらに遅延せざるをえなかった。したがって、明治、大正、そして昭和の初期における商業教育の高等教育化のなかで、Y専の創立は早いとはいえず、むしろ遅いほうになる。また、Y校は創立も古く、〝先駆性〟や〝パイオニア性〟があるが、Y校のうえにつくられたY専は、その意味では残念ながらそのような性格をもつことはできなかった。

わが国における商業教育の高等教育化の動きは、おおまかにいうと、2．で述べた昭和の初期までの時期（前期）と、一九六五（昭和四十）年以降の時期（後期）に大別できる。後者では戦後の経済成長と企業活動の発展により〝経営学ブーム〟が出現し、これをうけて、商業教育に経営学教育が加わるかたちで経営学部が多くの大学に設置される展開となった。

その後も経営情報学部や国際経営学部、さらに福祉・観光系学部など、情報化やグローバリゼーションの進展などの環境変化のなかで、いわゆる大学院教育を含めたビジネス系の高等教育が広範に発展し、現在に至っている。このような二つの時期との関係でいえば、Y専は前期に属しており、前期のなかでは遅いほうであったが、後期設立の学校に比較すると、はるかに歴史がある。

ところで、横浜市内の他の高商は、新制大学の発足によってどのようになったのであろうか。官立の横浜高商は横浜国立大学経済学部、横浜専門学校は神奈川大学経済学部、そして、関東学院の高等商学部は関東学院大学経済学部になっている。いずれも「商学部」ではなく、「経済学部」として再出発している。

全国の官立高商も、小樽商科大学（商学部）を除いて、新制国立大学の経済学部になったように、ほとんどが経済学部であった。ちなみに、三商大については、一橋大学となった東京商科大学・東京産業大学は商学部と経済学部、大阪商科大学は大阪市立大学の商学部と経済学部、神戸商業大学は神戸大学の経営学部と経済学部になっている。

このように、横浜市内では前期設立の高商は、Y専以外は経済学部で再出発している。後期には商学部の横浜商科大学が設立され、横浜国立大学がのちに経営学部を併設している。神奈川大学はキャンパスを平塚市にもおいたが、国際経営学部を設立し、二〇一七（平成二十九）年には関東学院大学が経営学部をつくっている。

二十一世紀に入って、横浜市立大学は独立法人化（二〇〇六（平成十八）年）にともなって学部の統合が行われ、商学部は消滅して「国際総合科学部」の経営科学系に改変されている。しかし、二〇一九（平成三十一）年には再び「国際商学部」にもどり、Y専以来の伝統が守られることになる。この再生商学部はどのように新たな伝統をつくりあげていくのであろうか。

さて、その設立は早いほうではなかったものの、Y専はきわめて短期間のうちに充実がはかられ、専門学校・高商としてレベルが高く、大学に近いものになっていたと評価されている。東京に隣接する地の利（優位性）を生かして、東京商科大学出身などの優秀な教員の採用が容易であったこともあろうが、創立以来Y専には教育だけでなく、研究に熱心な教員が集まり、しかも協働が行われていたと考えられる。それによりY専はまさに輝いていたのである。

3．で述べた戦前までの高等教育の二重構造のなかで、大学と高商の質的なちがいは、大学が理論的な志向性を重視しているのに対して、高商は実践的な志向性が強く、貿易や商業実務に役立つ実用的な教育を重視するところにあると考えられていた。

その意味でいえば、Y専は実践的な志向とともに、理論的な志向性も強く、両方をあわせもっていた。それは、Y専が商業学的研究を中心にすると同時に、経済学的、社会学的研究を重視することによって可能になったとみてよい。この点は、9．の『横浜商業専門学校一覧』（昭和十八（一九四三）年三月）のカリキュラムのところでも明らかにした。

筆者の横浜市立大学在職中、商学部は「総合社会科学的な学部」であるという言葉をしばしば耳にした。

単なる商学部ではなく、それを超えているということであるが、それは、いま述べたことによっている。

このような大学に近いレベルの研究と教育を可能にしたのは、校長前田のアカデミズムの精神と、研究の拠点としての「経済研究所」であった。Y校にとって美澤進が偉大な師であるのと同じように、前田幸太郎はY専にとって絶大なリーダーであった。廃校という最大の危機にあったY専を救ったのは、なによりも彼の思いの強さと力量によっているが、それ以外の場面でも、彼はその力量をいかんなく発揮している。

そして、研究拠点としての経済研究所は若い教師たちを刺激し、「アメリカ研究」という特筆すべき成果を短期間に生みだして、Y専アカデミズムのプラットフォームとなった。しかし、残念ながら戦時に向かうなかで「アメリカ研究」をつづけることがむずかしくなり、最終的には成果を公表することができなくなる。

戦争は残酷である。『Y専の沿革と回顧』のなかで山田長夫は、「戦争は常に優秀なる若人を犠牲にする」といったが、まさにそのとおりである。『一期一会』や『望雲』という文集がそれを示している。そして、「戦争は研究や教育を死滅させる」と筆者も思う。

なお、終戦から新制大学発足までのけわしく短い時間のなかで、Y専が「アメリカ研究」を復活させることができたのは、教員たちの復活と研究への思いが強くあったということである。自由になったとはいえ、きびしい環境のなかで、研究に執念をもやし、それを書いて論文にして「印刷物」として公表することが、学ぶ者の最大の責務であると、当時のY専の教師たちは考えていたのであろう。そして、これは、歴史を超えた学者の普遍的な価値である。

ところで、Y専は、学生が一生懸命に勉強したことでも輝きをみせていた。Y校の出身者もいたが、学生は全国から集まり、熱心な教師のもと研鑽に励んでいた。教師がどれほど一生懸命であっても、学生がそれについていかなければ、学校は輝くことはできない。

Y専では「教員はみんなよく勉強した。そして、学生諸君もよく勉強した」という小原敬士の言葉をまず思い起こしたい。また、田島は勤労動員中に職場に本を持ちこんで勉強している学生の姿に心を打たれている。そして、山田長夫は勉強熱心な勤労動員中の学生のために、参加自由の日曜学校を開いていた。さらに、『望雲』のなかの野田の夏休み中の日記を見ると、戦後の混乱期の夏休み中も学生の指導にあたっている。

Y専は創立の比較的早い時期から、演習（ゼミナール）指導を重視している。そこでは、教師と少人数の学生の間に密度の高い関係性が維持されており、学習へのモティベーションや教育効果の向上に役立っている。しかも、学生の学習の意欲と能力が高ければ、教育効果はいっそう高まり、それが教師の指導と研究を促進するという好循環をつくりあげる。おそらく、Y専のゼミナール指導には、この好循環があったと思われる。

商学部における筆者のゼミナールでも、それが学生の高い学習意欲と能力によって支えられたことを経験した。小原流にいえば、「学生諸君はよく勉強した」のである。そして、Y専の伝統が生きているのではないかと感じ、筆者も教師としての満足感を得たものである。

〈資料22〉は『望雲』（一三七頁）に収録されているY校校舎と、一九四九（昭和二十四）年当時の教員の写真である。

Y専が生きた時代の環境は順調ではなく、むしろきわめてきびしい逆境にあった。戦争にむかい、そして実際に戦争に直面している。小原が述べた「過ぎにし美しき日々（アルテン・グーテン・ターゲ）」は確実にあり、それによってY専は輝き、その社会的評価を高めたが、学校がおかれていた環境自体に目をむけると、大変な時期を生きていたのである。

Y専校舎

校旗

1949年

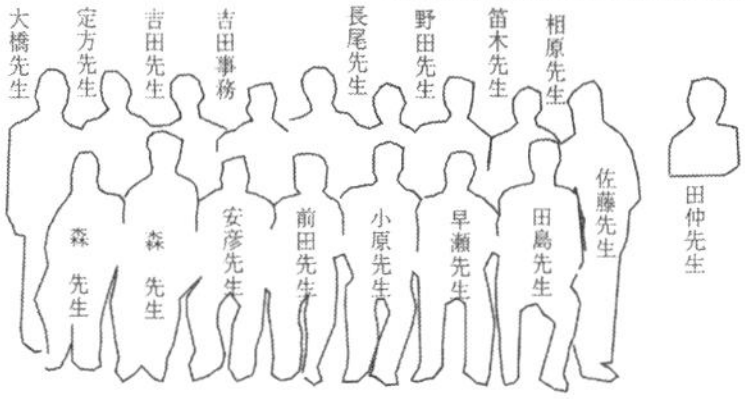

資料22　Y専の校舎と教職員（『望雲――Y専時代の思い出――』1999年）

Y専の設置者である横浜市の財政は当時も豊かでなく、相原良一の言葉でいうと「貧乏で、またケチン坊」であったかもしれないが、教師たちはそれに負けることなく、その能力を十分に発揮するとともに、チームワークの良さを示している。Y専の隣接地の清水ヶ丘には官立の横浜高商があり、Y専は研究や教育環境の面でかなり見劣りしていたようであるが、それとは関係なく、Y専は光り輝いていたのである。

20．私が出会った「Y専パーソン」

私が直接会うことができたY専パーソン（卒業生と教師）はそれほど多くない。Y専が閉校してから約三十年弱の一九七九（昭和五十四）年、私は約八年間勤務した弘前大学から横浜市立大学に移った。当時の商学部には「端午会《たんごかい》」という教員の親睦会が年一回開かれていた。五月に開催していたので、この名がついていたと思われるが、新人教員の歓迎と退職教員の送別のパーティでもあった。

経済学史の千賀重義と理論経済学の小川秀、それと私の三名が新人で、山田長夫が退職教員であった。私の採用は前年度の予定であったが、前任校の授業のこともあって発令を遅らせてもらった。前年度であれば、佐藤豊三郎にも出会えたであろう。

山田の記憶は、残念ながらほとんど残っていない。ただ、本書をまとめるにあたり、『横浜市立大学論叢』（社会科学系列、第三十巻第二・三合併号、一九七九年）に収録された山田の「続大学創設のころ」を興味深く読んだ。ここには、山田が京城高商からY専に移るために行われた当時の校長・前田との面談のやりとりや、Y専廃校の危機などが書かれており、距離感がちぢまるとともに、今回の記述の参考にもなった。そして、山田のY専や横浜市立大学への深い思いを知ることができた。

佐藤については、横浜市の技能文化会館で会ったことがある。同会館は横浜市の労働関係の財団のオフィスがあった。私が奉職して七、八年後だと思うが、その頃ビジネスパーソンのキャリア・プランやライフ・プランに関心をもちはじめていたので、財団の理事長の要職にあった佐藤と偶然お話しをすることができた。話の内容はあまり覚えていないが、やさしい人柄であるとの印象をもっている。また、佐藤は産業能率（短期）大学にもかかわっており、私は同大学の創立者・上野陽一の研究をしていたため、さらに親近感を感じた。

私はおそらくY専と横浜市立大学で労務管理を担当した笛木正治の後任と思われるが、直接会って指導をうけることはなかった。ただ、笛木の告別式に埼玉まで出むいて、ご冥福をお祈りしたことを記憶している。

私の専門である経営学では、Y専に五年ほど在職していた山城章には直接指導をうけている。一九六〇年代後半に、私が所属していた大学院で山城が講座を担当しており、その折のエネルギッシュな授業に感銘をうけていた。

その後、彼から直接的に指導をうけたのは、横浜市立大学に奉職した一九七九年以降のことである。この年山城は、日本経営教育学会（現在の日本マネジメント学会）を設立しているが、当時の私は経営学教育の研究をスタートさせていた関係で、同年の第四回全国経営学部長会議で報告した。この会議に参加していた山城に会い、学会活動に協力することを求められた。

この学会には、横浜市立大学教授であった山城の高弟の森本三男などの一橋大学の教え子のほかに、Y専の山城ゼミナールの卒業生なども参加していた。そのなかで、私がとくにご厚情をいただいた「Y専パーソン」に、ビジネスの世界から大学の教師になった郷原弘がいる。彼は山城を尊敬し、日本的経営論では当時成果をあげていたことを思い出す。

田島四郎については、宇南山英夫の雑誌『産業経理』に書かれた田島への追悼文（第五十四巻第一号、一九九四年、二一－一一頁）を読んで驚かされた。それは、なんといっても著作の圧倒的な多さである。どのようにしたら、これだけ多くのものを執筆できたのかと、非才の私は思ってしまった。そして、学者は、なによりも懸命になって書かなければならないことを自覚させられた。

田島には、晩年に近い時期であったと思うが、東京のビジネス系専門学校で会った。生涯教師を貫いて、その学校の校長をしていたが、素朴な人柄で、くったくのない明るい感じであった。教え子の青柳文司に「会計学には哲学（の勉強）が必要である」と述べたといい、それを青柳が実践してくれたと、茨城弁で話していたのを印象深く憶えている。

小原敬士とは面識をもつことはなかった。モーリス・ドップの大作『独占資本』を翻訳していたと思うが、小原を私の大学院時代（一九六五（昭和四十一）から一九七一（昭和四十六年））に院生協議会が自主講座の講師として招いたことがあった。院生協議会は経済学関係の院生が多く、経営学の院生は少数派であったので、私は小教室のうしろのほうで先生の話を聞いていた。とても静かな話しぶりであった。

また、早瀬については、ウォーナーなどの『大企業の指導者たち』の翻訳で、名前はよく知っていた。企業がつくりだす産業社会に私が関心をもっていたせいであろう。さらに、いつであったかは忘れてしまったが、前出の「端午会」に早瀬が出席したことがあり、ある年配の教師が私の耳もとで、「彼はアデランスをかぶっている」と小さな声で話したことを覚えている。ただ、その折に早瀬と直接話せなかった。いまとなっては残念な気持ちで一杯である。

もうひとり、記憶がおぼろげになってしまったが、山口辰男である。私は一九八〇年代に横浜商科大学で「経営政策」と「経営史」の非常勤講師を担当していた。Y専そして横浜市立大学の教授であった山口は、退職後、同大学の教授となり、そこで会ったのではないかと思っている。当時、彼は横浜の商店街問題や来街者の調査などで成果をあげていた。

さて、私が横浜市立大学に奉職したのちも、Y専出身の教師たちが在職しており、商学部の研究と教育の中核を担っていた。柳下勇（社会学）、相原光（国際経済学）、田中正司（社会思想史）、宇南山英夫（会計学）、青柳文司（会計学）、一杉哲也（理論経済学）の六名であったと思う。それぞれの分野で研究業績を残した人びとであり、多くのご教授をいただいた。

これらのほかに、古沢友吉（マルクス経済学）もなつかしく思いだされる。三枝博音が校長をし、戦後、数年の短命で閉校した鎌倉アカデミアの教師であった古沢をY専の出身と思っていたが、実際は「横浜高商」の卒業生であった。いずれにせよ、私にとって忘れることはできない。

つぎにY専の卒業生に目を向けると、なにをおいても崎陽軒の野並豊があげられる。彼が中心になってつくった同期会「Y専一六一二会」については11．ですでに述べたが、進交会関係者の話によると、この会は現在もつづいているという。なによりなことと思いつつ、会員のご長寿を心から祈りたい。

野並は進交会の理事長を長きにわたって務め、母校であるY校・Y専と、横浜市立大学のために、きわめて大きな貢献を行っている。野並は戦後、慶應義塾大学で学んでいるが、自伝『大正浜っ子奮闘記』を読んでみると、彼が真にエンジョイしたのは、Y校とY専の時代ではなかったかと思われる。

横浜市立大学の卒業式の折に、多忙のなか時間をさいて毎年臨席され、優秀な成績をあげた学生に進交会賞を授与していた姿が思いだされる。また、学生に講義を行って、「企業経営」のあり方などを教えていた。

私の個人的な思い出を一つだけあげると、一九九〇年代のはじめに第三回「横浜学シンポジウム」のパネラーとしてともに登壇し、横浜のことを語りあったことがある。彼の発言には横浜への深い愛情があふれていた。彼は横浜の経済人・文化人の典型のひとりであった。

私が商学部長であったのは、一九九四（平成六）年から九六（平成八）年のことであるが、この時期私も学部長として進交会の活動にかかわっている。そこで知りあったのが、高岡幸彦である。ゆったりとした印象を与え、見識のある人格者であると感じた。そして、彼は「能楽」では横浜では知られた文化人であった。

かつての三浦信用金庫の理事長であった伊藤喜公邦が、私の大学院の講座に聴講生として参加したことがある。大学院活性化の一環として社会人を受け入れはじめた頃で、都市銀行（現在のメガバンク）の支店長クラスのＯＢ二名が正規院生として在籍していた。朝の授業で伊藤が入室すると、このふたりがさっと起立して、〝おはようございます〟と礼儀正しくあいさつしていたことを思い出す。仕事にはきびしそうであるが、柔和な笑顔がすてきであった。

イトーヨーカ堂（現在のセブン・アンド・アイ・ホールディングス）の創立者の伊藤雅俊には、市大への後援で尽力していただいた。講演を聞くことはできたが、直接お話しする機会は残念ながらなかった。

もうひとりあげるとすれば、すでに述べた郷原弘である。山城章がつくった日本経営教育学会で、私がＹ専を継承した商学部の若い教師であることがわかると、いろいろ教えてくれている。ビジネスの世界に身をおきながら研究をつづけて大学人になった彼は、きちょう面でとっつきにくい印象であったが、まじめさとやさしさをもつ人柄であった。そして、彼も勉強家の「Ｙ専パーソン」のひとりであった。

さて、二〇二一（令和三）年には、Ｙ専の最後の卒業生が社会にでてから七十年がたとうとしている。時間の進行は、当然のことであるが、無情であり、Ｙ専は過去のものとなって、「回想」の世界から「忘却」の世界に移りつつある。そして、Ｙ専パーソンは減っていく。

そうだとして、Y専はなくなってしまうのであろうか。Y校はみずからを残しながらY専をつくり、Y専は商学部となって、医学部の前身である横浜医専とともに横浜市立大学を生みだした。たしかに、Y専の実体はなくなり、卒業生も少なくなっているが、Y専がなければ横浜市立大学は発足できなかったのであり、Y専は永遠に横浜市立大学の源流なのである。

あとがき

以上、短い歴史で終わったY専の変遷を概観してきた。横浜市立大学図書館の資料にもとづいて執筆したが、資料が必ずしも多いとはいえないこともあって、『横浜市立大学六十年史』の場合と同じように記述することは困難であった。

カリキュラムなどの学務上の変遷や教員の採用・異動、入試や学生の動向などの制度面や運営面の検討は、本文で引用した『横浜市立横浜商業専門学校一覧』が、一九二八（昭和三）年、一九三五（昭和十）年、一九四三年（昭和十八）年の三冊しか見つからなかったために、ていねいさに欠けるものになってしまっている。

もっとも、一つ光明があったとすれば、それは、卒業生による二冊の文集が見つかったことである。『一期一会』が横浜市立大学の名誉教授室、そして『望雲』が同図書館に静かに眠っていた。この二冊がなければ、おそらく本書は完成できなかったであろう。

もっとも、個人的かつ主観的な経験や思いをしるしたものだけに依存することには、記述の信頼性や証拠の信憑《しんぴょう》性などの面でリスクがあり、かなりのとまどいが筆者にはあったことはいうまでもない。「学生の見る教師のイメージは、その教師の表面的な一部にすぎず、勘ちがいも実に多い」というのは正しく、筆者自身の実感でもある。とくに教師の本当の思いは学生にはあまり伝わらないのかと感じたこともある。しかし、他方で「学生は教師をよく見ている」のも確かなのである。そして、それは教師にとって怖いほどでもある。このような矛盾する状況を意識しながら本書をつくった。本書には教師に対するコメント（教師評）も多いが、読むにあたりこの点に留意してほしいと思っている。

この『一期一会』と『望雲』の二冊の文集と、短い歴史を終えるにあたって七名の教師たちによってつくられた記録『Y専の沿革と回顧』（一九九二（平成四）年に進交会が復刻版として出版）が本書のベースになっている。これらの資料は、Y校から生まれたY専には、いい教師といい学生がいたことを明らかにしている。そして、Y専の生きた姿をくっきりと示している。

終わりになるが、本書の作成については、いろいろな方のご支援をいただいたが、とりわけ横浜市立大学名誉教授の森本三男先生の激励とご指導には心から感謝を申しあげたい。また、原稿の整理・点検については、いつものことだが、妻・恭子の協力を得ていることをしるしたい。

Y専（横浜市立横浜商業専門学校）の主要沿革年表

一八八一（明治十四）年	横浜貿易商組合総理小野光景ら二十八名が発起人となり、「横浜商法学校」創立の計画を立案する。
一八八二（明治十五）年	「横浜商法学校」が設立され、福沢諭吉の推薦により美澤進が校長に就任する。当初、校舎は本町一丁目、のちに北仲通りに移転する。
一八八八（明治二十一）年	校名を「横浜商業学校」に改称する。
一八九二（明治二十五）年	本町外十三ヶ町立の学校になる。Yの帽章と制服を定める。
一八九九（明治三十二）年	「本校（横浜商業学校、Y校）ヲ高等ナル商業学校ト認定スル、但シ、高等商業学校（高商）ニアラス」と文部省告示で指定される。
一九〇五（明治三十八）年	南太田町に校舎を新築落成し、移転する（九月）。
一九一七（大正六）年	横浜商業学校を高等商業学校に拡張・整備するために、経営を本町外十三ヶ町区から横浜市に移管する。「横浜市立横浜商業学校」と改称する。
一九二〇（大正九）年	七年制の中等商業学校（五年制の本科の下に、尋常小学校卒業を入学資格とする二年制の予科）となり、全国に例を見ない独自の学校となる。
一九二二（大正十一）年	横浜商業学校創立四十年記念祝賀（十一月）に際し、高等商業学校への昇格の気運が生まれる。
一九二三（大正十二）年	四月に昇格のプランづくりが行われ、九月二十四日に横浜市会で付議されることになるが、関東大震災（九月一日）の発生（Y校校舎倒壊）により頓挫する。校祖・美澤進が死去する（七十五歳、九月十六日）。

一九二四（大正十三）年	官立横浜高等商業学校が設立される（四月）。文部省の指示により、横浜商業学校は予科を廃止し、尋常小学校卒業を入学資格とする本科五年制、そのうえに中等学校卒業を条件とする専修科二年制をおくものに変更するが、これによりY校のそれまでの社会的評価は低下する。
一九二八（昭和三）年	横浜市長・有吉忠一の提案による昇格プランを市会で可決する。二年制の専修科を廃止し、実業学校令および専門学校令による修業年限三年制の「横浜市立横浜商業専門学校」（通称、Y専）が設置され、ただちに入学試験を行い、Y校内に開校する。廃止された専修科生は二年に編入される。矢田長之助が校長事務取扱（Y校も兼務）として設立に貢献する。Y校校舎復興建築の落成式とともに、美澤の彫像除幕式・Y専の開校祝賀会を挙行する（五月）。
一九二九（昭和四）年	矢田長之助の退職により横浜市助役大西一郎が校長事務取扱となる（Y校も兼務、十二月）。
一九三〇（昭和五）年	武田英一が校長事務取扱となる（Y校も兼務、三月）。文部大臣田中隆三の視察が行われる（七月）。
一九三一（昭和六）年	文部省主催の商業学校・専門学校教員むけの夏期講習会（外国貿易実践講習会）をY校とY専の協力により開催する。全国から多数が参加し、盛況をきわめた（七月）。
一九三二（昭和七）年	武田英一が退職し、前田幸太郎が校長となる（Y校も兼務、七月）。Y校創立五十年記念賀式を挙行する（十月）。
一九三三（昭和八）年	横浜の貿易を発展させるために、横浜経済研究所を設置する（七月）。同経済研究所は第一回経済講演会を開催する（十月）。

一九三四（昭和九）年	学生定員三百名（一学年百名）から四百五十名（一学年百五十名）に変更する。
一九三五（昭和十）年	中区弁天通の貿易商松浦吉松の篤志によりY専専用の独立校舎をY校校地の隣地に起工する（一月）。Y専は独立校舎に移転する（八月）。松浦吉松の銅像除幕式を挙行する（十一月）。
一九三六（昭和十一）年	横浜経済研究所は年一回の講演会を行い、第四回目を開催する（十一月）。
一九三七（昭和十二）年	横浜経済研究所はY専とY校の合同のセミナーを行い、共同研究の機運を醸成する（十二月）。
一九三八（昭和十三）年	研究室、研究所をふくむ図書館が完成し、開館式を挙行する（九月）。横浜経済研究所主催で、東京開港反対の根拠に関して、Y校とY専が合同でセミナーを開催する（十月）。支那事変（前年の七月に発生）で戦死した教授・佐久間幸夫の慰霊祭を挙行する（十二月）。
一九三九（昭和十四）年	Y校、Y専の同窓会が社団法人進交会となり、初代理事長として中村房次郎が就任する（四月）。満州派遣興亜青年勤労報国隊にY専生が出発する（七月）。
一九四〇（昭和十五）年	運動場改修のための勤労作業をY校生、Y専生の協力で行う（七月～九月）。中支派遣興亜勤労報国隊学生派遣隊が出発する（七月）。文部省の指令によって、校友会は解散し、報国団が新たに結成される（十一月）。運動場改修記念秋季大運動会を行う（十一月）。
一九四一（昭和十六）年	前田幸太郎がY校校長兼任を解かれ、Y専筆頭教授木村元治が後任となる（四月）。横浜市はY校、Y専の諮問機関として商議員会制度を設ける（九月）。前田幸太郎がY校の顧問になる（九月）。生徒集会所・食堂が完成する（九月）。文部省は昭和十六年度の卒業生の修業年限を三ヵ月（十月）、昭和十七年度を六ヵ月短縮するこ

	とを決定する（十一月）。日本が英米に対して宣戦を布告する（十二月）。三ヵ月短縮の卒業式を挙行する（十二月）。
一九四二（昭和十七）年	学校勤労報国隊協力令の発動により、第一回勤労作業を横須賀海軍建築部において実施する（三月）。南方経済講習会（六ヵ月間）を開講する（四月）。Y専・Y校上空に敵機数台が現われるが、被害はなかった（四月）。六ヵ月繰りあげの卒業式を挙行する（九月）。進交会は、中区住吉町の土地建物を買収して会館とする（十月）。Y校、Y専創立六十周年記念祝賀会を挙行する（十一月）。
一九四三（昭和十八）年	南方経済科を設置する（四月）。美澤進の命日の墓参後、「Y」の校章をY校は「横商」、Y専は「商専」に変更する（九月）。商業学校・高等商業学校の多くは廃止または転換を余儀なくされたが、前田幸太郎の努力と、Y校の卒業生で内閣顧問の鈴木忠治と文部大臣岡部長景による話し合い、Y校卒業生磯野庸幸、美澤義雄らの母校愛などによって、Y専は残存した。当時の文部省商工課長辻田力は、Y専の学生定員を半減させて、Y専がY校と同居するという前田試案の成立を可能にした（九月～翌年一月）。学徒徴兵猶予は停止となる（十月）。
一九四四（昭和十九）年	Y校校長木村元治が退職し、Y専教授荒木直（四七（昭和二十二年）年七月まで）が校長となる（三月）。Y専は横浜市立経済専門学校となり、Y校校舎に移転する。Y専校舎は新設の横浜医学専門学校（医専）専用となる。Y校は県下唯一の商業学校として存続する（四月）。通年動員が実施される（四月）。
一九四五（昭和二十）年	四月十五日の空襲によりY専教授山口太郎、Y校教員飯田光三（Y校卒業生）が死去する。五月二十九日の大空襲によってY校校舎は大型焼夷弾二発の命中をうけたが、職員・生徒の奮闘によって消しとめる。被災者一万人を収容する。横浜病院をY校に移転する。八月十五日に終戦をむかえ、校章を「Y」に復する（十月）。

Y専（横浜市立横浜商業専門学校）の主要沿革年表

一九四六（昭和二十一）年	横浜政財界の主要メンバーであった進交会理事長磯野庸幸が追放令に該当したので、進交会は常務理事の合議制で運営される。
一九四七（昭和二十二）年	Y校創立六十五周年記念祝賀式を挙行する（十月）。アメリカ研究講演会をY校講堂で開催する（十二月）。
一九四八（昭和二十三）年	新学制によりY校は現在の「横浜市立横浜商業高等学校」に改称する（三月）。
一九四九（昭和二十四）年	横浜市立経済専門学校（Y専）は三月四日、「横浜市立大学商学部」と改称し、医学部とともに開校する（六月）。
一九五〇（昭和二十五）年	進交会理事徳永弥太郎の「進交会について」の講演が開催される（六月）。
一九五一（昭和二十六）年	Y専が解消する（三月）。
一九五六（昭和三十一）年	前田幸太郎が横浜市文化賞を授与される（三月）。さらに、一九五八（昭和三十三）年には神奈川県文化賞を授与されるが、一九六五（昭和四十）年、八十三歳で逝去する。
一九六一（昭和三十六）年	進交会主催の学術講演会で田島四郎が講師となる（四月）。

この年表は、『横浜商業専門学校一覧』（昭和十八（一九四三）年三月）と、『Y校百十年』（一九九二（平成四）年）のなかの「Y校沿革比較年表」によっているが、一九四三（昭和十八）年以降については、後者にもとづいて筆者が作成した。

主要参考資料

『横浜市立大学六十年史』、横浜市立大学、一九九一年
『横浜市立大学商学部創基百年史』、財界評論新社、一九八二年
『Y専の沿革と回顧』、横浜市立経済専門学校、一九五一年（なお、一九九二年に進交会から復刻版が出版されている。題字は当時の野並豊進交会理事長による）
『横浜市立横浜商業学校・横浜市立横浜商業専門学校一覧』、一九二八年
『横浜市立横浜商業専門学校一覧』、一九三五年、一九四三年
『経済研究所月報』、『経済研究時報』、Y専経済研究所、一九三四―一九四一年、一九四七年
『横浜市立大学要覧』、一九四九年
『昭和十七年報清水丘』（Y校六十周年記念誌）、一九四二年
『Y校七十周年記念誌』、一九五二年
『Y校八十周年記念誌』、一九六二年
『Y校九十周年記念誌』、一九七二年
『Y校百年史』、一九八二年
『Y校百年史そのⅡ』、一九八三年

『Y校百十年』、一九九二年
『一期一会――卒業50周年記念文集――』、一九八九年
『望雲――Y専時代の思い出――』、一九九九年
田中正司著、『甲子の誌』刊行会編『甲子の誌――市大35年の歩みの中で――』、横浜市立大学生活協同組合、一九八四年
野並豊著『大正浜っ子奮闘記』、神奈川新聞社、二〇〇七年
日本近代教育史事典編集委員会編『日本近代教育史事典』、平凡社、一九七一年
長廣利崇著『高等商業学校の経営史――学校と企業・国家――』、有斐閣、二〇一七年
齊藤毅憲稿「「Y専」生成期における校名改称運動」、『横浜市立大学論叢』（人文科学系列）、第六十巻第三号、二〇〇九年
齊藤毅憲稿「Y専（横浜市立横浜商業専門学校）の歴史――横浜市立大学創立100年にむけて――」、『横浜市立大学論叢』（社会科学系列）、第七十巻第二号、二〇一九年
齊藤毅憲稿「Y専（横浜市立横浜商業専門学校）の歴史――横浜市立大学創立100年にむけて（つづき）――」、『横浜市立大学論叢』（社会科学系列）、第七十巻第三号、二〇一九年
齊藤毅憲稿「日本経営学の系譜」、鈴木英寿編著『経営学説』、同文舘、一九七六年
齊藤毅憲稿「経営者教育」、米川伸一編著『経営史』、同文舘、一九八六年

【著者】 齊藤 毅憲（さいとう たけのり Takenori Saito）

1942年生まれ。横浜市立大学名誉教授。商学博士。専門は経営学・経営教育論。

横浜市立大学商学部長、同大学院経済学研究科・経営学研究科長、全国ビジネス系大学教育会議会長、神奈川県人事委員会委員長ほかを歴任。現在、全国ビジネス系大学教育会議理事。

主な著書に『現代日本の大学と経営学教育』（成文堂、1981年）、『上野陽一——人と業績』（産業能率大学、1983年、日本経営協会「経営科学文献賞」受賞）、『経営学を楽しく学ぶ』（編著、中央経済社、1990年、4刷2020年）ほか経営学関係の著書多数。

横浜市立
大学新叢書
12

Y《わい》専《せん》の歴史《れきし》——横浜市《よこはまし》立大学《りつだいがく》の源流《げんりゅう》

2021年1月8日初版発行

著者：
齊藤 毅憲 さいとう たけのり

発行者：
横浜市立大学学術研究会

制作・販売：
春風社 *Shumpusha Publishing Co.,Ltd.*
横浜市西区紅葉ヶ丘53　横浜市教育会館3階
〈電話〉045-261-3168　〈FAX〉045-261-3169
〈振替〉00200-1-37524
http://www.shumpu.com　✉ info@shumpu.com

装丁：
矢萩多聞

装丁資料：
『濵校之思出』（卒業記念アルバム、横浜市立横浜商業専門学校編、1943年）

印刷・製本：
シナノ書籍印刷株式会社

乱丁・落丁本は送料小社負担でお取り替えいたします。

ISBN 978-4-86110-716-0 C0037 ¥2500E

発刊の辞

知が権威と結び付いて特権的な地位を占めていた時代は過去のものとなり、 大学という場を基盤とした研究・教育の意義が改めて問い直されるようになりました。

同様に学問の新たなありようが模索されていた時代に、 新制大学として再編され発足した横浜市立大学において、 自らの自由意志によって加入し自ら会費を負担することで自律的な学術研究の基盤を確立しようという志のもと、 教員も学生も共に知のコミュニティーを共有する同志として集うという、 現在でも極めて稀な学術団体として横浜市立大学学術研究会は発足し活動してきました。

上記のような時代背景を受け、 ここに新たに、 横浜市に本拠を持つ出版社である春風社の協力のもとに、 実証可能性を持つ根拠に基づいたという意味での学術的な言論活動の基盤として、 三つのシリーズから構成される横浜市立大学新叢書の刊行に乗り出すに至りました。

シリーズ構成の背後にある、 本会が考える知の基盤とは以下のようなものです。

巷にあふれる単純化された感情的な議論によって社会が振り回されないためには、職業的な専門領域に留まらず、 社会を担う当事者としての市民として身に付けておくべき知の体系があり、 それは現在も日々問い直され更新されています。 横浜市立大学ではそのような、 自由な市民の必須の資質としての 「リベラル・アーツ」 を次の世代に伝達する 「共通教養」 と呼んでいます。 それに対応する系統のシリーズが、本叢書の一つ目の柱です。

そのような新時代の社会に対応するための知は、 より具体的な個別の問題に関する専門的な研究という基盤なくしてはあり得ません。 本学では 「リベラル・アーツ」 と専門的な教育・研究を対立項ではなく、相互補完的なものとして捉え直し、それを 「専門教養」 と呼んでいます。 それに対応するために二つ目の系統のシリーズを設けています。

三つ目の柱は、 研究と教育という二つの課題に日々向き合っている本会会員にとって、 最先端の学問を次の世代に伝えるためには動きの遅い市販の教科書では使いづらかったり物足りなかったりする問題に対応するための、 本学独自の教育を踏まえたテキスト群です。 もちろんこのことは、 他学においてこのテキストのシリーズを採用することを拒むものではありません。

まだまだ第一歩を踏み出したに過ぎない新叢書ではありますが、 今後も地道な研究活動を通じて、 学問という営みの力を市民社会に対して広く問い、 市民社会の一員として当事者意識を持ちながらその健全な発展に参加して行く所存です。

学術研究会運営委員会